Jean-Paul Marie

Comment communier avec Dieu?

Jean-Paul Marie

Comment communier avec Dieu?

Pour les nouveaux convertis et les non-chrétiens

Éditions Croix du Salut

Imprint
Any brand names and product names mentioned in this book are subject to trademark, brand or patent protection and are trademarks or registered trademarks of their respective holders. The use of brand names, product names, common names, trade names, product descriptions etc. even without a particular marking in this work is in no way to be construed to mean that such names may be regarded as unrestricted in respect of trademark and brand protection legislation and could thus be used by anyone.

Cover image: www.ingimage.com

Publisher:
Éditions Croix du Salut
is a trademark of
Dodo Books Indian Ocean Ltd. and OmniScriptum S.R.L publishing group

120 High Road, East Finchley, London, N2 9ED, United Kingdom
Str. Armeneasca 28/1, office 1, Chisinau MD-2012, Republic of Moldova, Europe
Printed at: see last page
ISBN: 978-620-6-16971-0

COMMENT COMMUNIER AVEC DIEU ?

Pour les nouveaux convertis et les non-chrétiens

Jean-Paul Marie

Dédicace

À

Mes prémices,

Tous mes fils et filles dans la foi.

Puisse le Seigneur vous épargner des erreurs que j'ai connues !

Puissiez-vous aller plus vite, plus loin, plus haut

Et plus en profondeur, largeur et longueur que moi

Afin de porter des fruits mûrs, agréables, semenciers et débordants !

Table des matières

INTRODUCTION

Ce livre est principalement destiné à la jeunesse chrétienne. Il porte par ailleurs pour cible des jeunes chercheurs de Dieu, ceux qui tracent leurs voies entre la tradition, les religions et la relation personnelle avec Dieu. *Comment communier avec Dieu* est le fruit de mes premières années de marche avec Christ. Au départ, l'idée n'était pas d'en faire un livre, mais l'œuvre du témoignage d'un jeune converti. Le but de l'ouvrage est d'extirper en le lecteur les mauvaises fondations doctrinales, les fausses croyances et les fausses valeurs avant la rencontre personnelle avec le Seigneur Jésus-Christ.

Qu'est-ce la communion avec Dieu ? Selon le dictionnaire Hachette, le verbe « communier » signifie : recevoir les sacrements de l'eucharistie (1) ou être en parfait accord d'idées, de sentiments avec quelqu'un (2). Bien que cette définition soit totalement pauvre, il y a des valeurs qui doivent être tirées de cette approche encyclopédique. Dans la première définition, il y a l'expression du sacré, d'une interaction invisible avec l'au-delà. Dans la seconde définition, jaillit l'expression d'une harmonie, d'une unité idéelle ou matérielle. Ainsi, comment communier avec Dieu deviendrait comment **être en harmonie** avec Dieu, comment **faire un** avec Dieu ? Est-ce possible ?

À la fin de la première phase du ministère de Jésus-Christ, qui a consisté à construire des prémices pour l'œuvre universelle dont nous sommes les récipiendaires et les dépositaires, Jésus a exprimé un vœu : « Ce n'est pas seulement pour eux[1] que je te[2] prie ; c'est aussi pour eux qui croiront[3] en moi grâce à leur témoignage. **Je demande qu'ils soient tous uns. Comme toi, Père, tu es en moi et comme moi je suis en toi, qu'ils soient un en nous pour que le monde croit que c'est toi qui m'as envoyé**. » (Jn 17 : 20-21, BS)

Il y a donc ici le vœu d'une communion, d'une fraternité, voire d'une unité à la fois verticale (mythique, invisible, spirituelle) et d'une communion horizontale à trois

---

[1] Les disciples des prémices : les douze.
[2] Dieu
[3] Nous aujourd'hui qui croyons en son nom et qui sommes devenus par la foi ses disciples, les chrétiens nés de nouveau.

dimensions, corps, âme et esprit, entre les chrétiens, Dieu, Jésus, le Saint-Esprit et l'Eglise. Ce vœu de la communion de Jésus qui a été matérialisé par la rupture du pain et la distribution du vin (eucharistie chez les catholiques) à la pacques[4] (*Pessah*), se veut une communion spirituelle perpétuelle confirmée par les deux « pentecôtes » du livre des Actes des Apôtres. La conséquence logique étant la fête des récoltes. Car, après la moisson (pentecôte, fête des prémices), il faut procéder aux récoltes. Voilà le mystère des trois plus grandes fêtes de la chrétienté, condensé dans Exode 24 : 14-17. Il est aussi annoncé par un signe grâce au miracle de la multiplication des cinq pains et des deux poissons (Jn 6 : 1-14).

L'on comprend donc que le vœu de l'unité, qui est un vœu de fraternité humaine et d'unité spirituelle, ne peut s'accomplir sans un changement réel de statut. Car, les disciples avant d'être mis ensemble pour l'œuvre de la grande commission ont été formés par Jésus-Christ pendant et après la croix, puis par le Saint-Esprit, après l'ascension. Le but étant qu'ils parviennent à l'unité de la foi en Christ, à l'unité de la connaissance de Dieu et qu'ils deviennent à l'image de Christ. C'est pour cette raison que le lexique définit la communion comme « **l'union des personnes dans une même foi[5]**. ». Il y a donc des étapes qui précèdent la communion. Ce livre vous présentera quelques-unes de ces étapes. Toutefois, dans notre cas, il n'est pas question de personnes, mais de chrétiens. Que signifie donc être chrétien ? Tel sera le fondement sur lequel nous partirons pour bâtir notre analyse.

Ainsi, l'ouvrage comprend sept grands chapitres, suivis des temps de prière relatifs à votre conversion : *Chrétien sans salut ? La conscience du péché, L'abandon, La réparation, L'art de rembourser, La soumission et L'assurance du salut*. Il est prévu un tome 2 de l'ouvrage qui parlera de la rencontre proprement dite à partir des références bibliques et des expériences personnelles. Le but étant de conduire à la rencontre personnelle avec Jésus-Christ tout lecteur qui prendra ce livre comme une révélation, afin qu'il devienne un véritable disciple de Jésus-Christ et non un esclave de la religion.

Avant que n'advienne la seconde partie du livre, il y a des éléments fondamentaux qui doivent être intégrés dans la marche du jeune chrétien vers la croix glorieuse du

---

[4] Mt 26 : 17-28. Dans le judaïsme, l'on distingue trois grandes fêtes. Pessah, Chavouout et Succcuot. À la Pessah, Jésus a rompu le pain et distribué le vin, l'accomplissement d'une nouvelle pacques, rupture continuelle avec la tradition juive de la Pessah décrite dans le livre de l'Exode.
[5] Hachette, 2011, p.350

Seigneur Jésus-Christ. Une fois cette phase achevée, le chrétien renouvelé par les enseignements contenus dans ce livre, pourra nous contacter pour la suite de son projet de communion avec le Seigneur Jésus, ou alors commander directement le prochain bouquin sur notre site internet[6]. Au cas où vous cherchez une église locale où persévérer et grandir dans la foi, peu importe votre lieu de résidence dans le monde, n'hésitez pas également à nous contacter.

---

[6] www.mybinyou.com

CHAPITRE 1 : CHRÉTIEN SANS SALUT ?

« J'ai prêché la repentance et la conversion, avec la pratique d'œuvres dignes de la repentance. » (Ac 27 : 20).

Nombreux sont les chrétiens catholiques, orthodoxes, protestants, anglicans, pentecôtistes et autres chrétiens qui sont particulièrement interpellés par ce message. Si ce message te parvient, rends grâce à Dieu ! Car tu fais partie de ceux et celles à qui il a été prédestiné, afin de sauver des vies des flammes de l'enfer. De quoi s'agit-il exactement ? Il est question de la vraie repentance : **comment restaurer ta communion avec Dieu** alors que tu as reçu le baptême d'eau et/ou du Saint-Esprit, tu continues d'aimer le péché ou de vivre dans le péché ?

1. RESTAURER SA COMMUNION AVEC DIEU

Tu es baptisé(e), communié(e) ? Tu te confesses régulièrement, rarement ou pas ? Tu ne parviens pas à te séparer du péché ? Tu mènes une vie spirituelle déséquilibrée, versatile ou vagabonde ? Tantôt tu vies dans la sanctification, tantôt tu vies dans le péché ? Ce message est pour toi. Jésus veut te sauver. Il te tend la main. Peu importe ta dénomination ecclésiale. Cela n'a rien à voir avec la religion ou l'activisme chrétien. Il s'agit de ta relation avec Dieu. Es-tu en communion avec Dieu ? Vis-tu au quotidien une relation personnelle avec Christ ?

Mets une pause à cette lecture et réponds sincèrement à cette question. Retire-toi à un lieu plus calme, médite sur ces questions, puis reviens et continue de lire.

Es-tu fier(e) ou satisfait(e) de ta vie, de ta relation personnelle avec Christ ? Sais-tu qu'il n'y a pas de relation intime possible avec Dieu dans le péché ? Sais-tu que le péché est un acte de désobéissance ? Et que tout péché non-reconnu, non confessé, non-abandonné et tout tort causé (à ton prochain) conduit tout droit aux portes de l'enfer après ta mort ? Si tu en doutes, prends ta bible et lis ce verset :

> « Ne savez-vous pas que les injustes n'hériteront point le royaume de Dieu ? Ne vous y trompez pas : ni les impudiques, ni les idolâtres, ni les adultères, ni les homosexuels, ni les infâmes, ni les voleurs, ni les cupides, ni les ivrognes, ni les outrageux, ni les ravisseurs, n'hériteront le royaume de Dieu. » 1 Co 6 : 9-10.

Le pécheur n'aura pas accès au royaume de Dieu. Le péché te disqualifie du salut. Mais une repentance véritable ouvre la voie à la grâce de Dieu qui te justifie. C'est pour cela que l'Apôtre Paul asserte :

> « Et c'est là ce que vous étiez, quelques-uns de vous. Mais vous avez été lavés, mais vous avez été sanctifiés, mais vous avez été justifiés au nom du Seigneur Jésus-Christ, et par l'Esprit de notre Dieu ». 1 Co 6 : 11.

Veux-tu être lavé(e) ? Dieu ne saurait te sauver sans toi. Aucun homme, aucune femme dans la Nouvelle Alliance n'a bénéficié de la grâce du salut, de la rédemption ou de la délivrance sans la reconnaissance de son statut de pécheur ou de sa faute. Jésus a toujours demandé à ceux qu'ils visitaient et sauvaient : « Veux-tu être sauvé(e) ? », « Veux-tu être guéri(e) ? », « Crois-tu que… ?». Et après la réponse positive et sincère [du cœur] à cette question, il agissait ou réagissait : « Va et… », « Lève-toi et… » « Jette-toi dans… » etc. **Il n'y a pas de salut sans un engagement personnel du chrétien**. Ton engagement n'est que de la paille quand tu ne respectes-pas l'injonction du Christ, même après avoir désiré de recevoir le salut.

Dans l'épitre aux Romains, l'apôtre Paul déclare : « le salaire du péché c'est la mort ». Il est bien conscient de ce qu'aucun pécheur, fut-il baptisé, communié, chrétien engagé, prêtre, pasteur, évêque, prophète, pape etc., s'il vit dans l'iniquité, n'héritera pas du Royaume des cieux, à condition de rompre radicalement et totalement avec le péché. Jésus en s'adressant à ceux qui pouvaient être considérés comme les chrétiens de son époque dit ceci :

> Quiconque se livre au péché est esclave du péché. Or, l'esclave ne demeure pas toujours dans la maison ; le fils y demeure toujours. Jn 8 : 34-35.

Tu es chrétien(ne), tu vis dans le péché ? Jésus te dit : tu seras expulsé(e) du Royaume des cieux ! Car tu es un chrétien-esclave. Seuls les chrétiens libres [« Si donc le Fils vous affranchit, vous serez réellement libres. » Jn 8 : 36] auront accès au royaume des cieux. De quelle catégorie de chrétien es-tu : Le chrétien-esclave qui vit, aime ou combat avec le péché ? Ou le chrétien libre, qui a été affranchi du péché sous toutes ses formes, c'est-à-dire libéré et sanctifié ?

2. IRAS-TU AU CIEL ?

La lettre de Paul aux Galates met en garde contre les désirs de la chair qui t'éloignent de la course vers la sanctification et du Royaume des cieux :

> « Je dis donc : Marchez selon l'Esprit, et vous n'accomplirez pas les désirs de la chair. Car la chair a des désirs contraires à ceux de l'Esprit, et l'Esprit en a de contraires à ceux de la chair ; ils sont opposés entre eux, afin que vous ne fassiez point ce que vous voudriez. Si vous êtes conduits par l'Esprit, vous n'êtes point sous la loi. Or, les œuvres de la chair sont manifestes, ce sont l'impudicité, l'impureté, la dissolution, l'idolâtrie, la magie, les inimitiés, les querelles, les jalousies, les animosités, les disputes, les divisions, les sectes, l'envie, l'ivrognerie, les excès de table, et les choses semblables. Je vous dis d'avance, comme je l'ai déjà dit, que ceux qui commettent de telles choses n'hériteront point le royaume de Dieu. » Ga 5 : 16-21.

De tous ces péchés bibliques, tu te reconnais en un seul ou plusieurs d'entre eux ?

Le péché de l''impudicité. Ton habillement, tes paroles, tes messages donnent-il à séduire ou à provoquer ? Tu t'habilles pour te faire voir ? Tu te maquilles pour séduire ? Tu portes des vêtements qui exposent ta poitrine, ton buste, tes cuisses, qui mettent en valeur ton postérieur ou tes muscles ? Tes paroles sont impudiques, perverses, malsaines ? Tu aimes fréquenter des lieux de prostitution, des clubs de strip-tease ? Tu t'exhibes ou te déshabilles devant les hommes pour de l'argent ou pour des faveurs ? Alors, sache que tu es impudique. Tu demandes à ta sœur, à ta mère, à ta fiancée d'exposer ses parties intimes ? Tu es impudique. Tu envoies tes photos intimes sur Facebook, WhatsApp, Instagram, etc, tu es impudique.

Le péché de l'idolâtrie. Vas-tu chez les marabouts, féticheurs, guérisseurs, diseurs de bonne aventure ? Aimes-tu les objets et les hommes plus que Dieu ? Un membre de ta famille ou toi-même est-il impliqué dans les pratiques traditionnelles liées à la notabilité, la chefferie, etc. ? Adores-tu les crânes ? Et tes parents ? Un des tiens est-il franc-maçon, rosicrucien ? Opérez-vous avec des dons de divination pour faire le bien et/ou le mal au nom de Dieu ? Que ce soit toi ou un de tes proches qui se livre à une de ses pratiques, vous êtes des occultistes passifs ou actifs, idolâtres passifs ou actifs. Le chrétien véritable ne permet même pas qu'on consulte un marabout en son nom. Tout véritable chrétien observera ce commandement : « Il y a un seul Dieu, et de même aussi un seul médiateur entre Dieu et les hommes, un homme : Jésus-Christ. » (1 Tim 2 : 5, BS). Jésus-Christ est médiateur parce que le Père lui a remis les clefs du jugement dernier (Jn 5 : 22). Et cela est passé par le don de sa vie à la croix (1 Tim 2 : 6). En dehors de l'unique médiateur entre Dieu et les hommes, Jésus-Christ, il y a des messagers, des personnes que Dieu mandate pour porter son ministère et son message sur la terre. Marie a porté le ministère de Dieu sur la terre. Mais cela ne fait pas d'elle la mère de Dieu. Sinon Dieu aurait un père et une mère. Sinon il y aurait un Dieu mal et un Dieu femelle. Cela serait totalement satanique et contradictoire aux Saintes-Ecritures. **Marie est la mère de Jésus venu dans la chair. Elle n'est, ne saurait et ne pourrait être la mère de Dieu**. Tout culte (adoration, vénération, honneur) à l'endroit de Marie est une idolâtrie religieuse. Il est écrit : « afin que tous les hommes honorent le Fils au même titre que le Père. » (Jn 5 : 23.) Seul le fils mérite l'honneur, la louange et l'adoration, car il est éternel. Une personne de son vivant peut être honorée pour ses actions. Mais quand elle décède, tout honneur envers sa personne est idolâtre. L'on peut honorer le vœu d'une personne décédée. Mais l'on ne peut pas honorer la personne décédée, ce serait de l'idolâtrie. La vénération est dangereuse, car elle frise l'idolâtrie. Pourquoi vénérer le messager alors qu'il n'est que porteur de message ? L'adoration est la chasse gardée de Dieu. Seul Dieu, et l'Agneau son Fils, sont dignes de louange et d'adoration.

Le péché de l'adultère. Tu sors avec un(e) ou plusieurs copines sans être marié(e)s ? Vous ne forniquez pas mais vous vous embrassez, caressez ou masturbez ? Tu regardes les films et vidéos pornographiques ? Alors, vous êtes adultères. Vous irez en enfer si vous ne vous confessez pas et ne renoncez pas radicalement à ses pratiques sexuellement immorales. Tu as une fiancée ou un fiancé, et vous couchez [avez couché] ensemble sans être officiellement mariés ? Tu sors avec des hommes ou des femmes marié(e)s pour payer ta scolarité, gérer ton loyer, aider ta famille ou vous rendre « tout type de petit service », etc. ? Tu reçois de l'argent des hommes ou des femmes marié(e)s sans coucher avec eux, sachant qu'ils te draguent depuis peu ou depuis longtemps ? Alors, tu es adultère. En plus de cela, tu es un(e) escroc, un voleur ou une voleuse. Reconnais ta faute. Repens-toi. Abandonne cette vie. Tu n'as jamais commis un de ces types d'adultère, mais tu as tendance à regarder le postérieur des filles, leur poitrine, à les désirer, etc. Tu t'imagines dans ta tête avec un homme, une star, au lit, dans la piscine…, pourtant tu es vierge, tu ne forniques pas, ne te masturbes pas, etc. ? Si tu regardes quelqu'un(e) ou penses à quelqu'un(e) en la convoitant, alors tu as commis l'adultère. Tu es adultère. Jésus à ce propos : « Mais moi, je vous dis que quiconque regarde une femme pour la convoiter a déjà commis un adultère avec elle dans son cœur. » (Mt 5 : 28). Il n'y a pas que les péchés en parole, en action ou par omission. Il y a aussi les péchés du cœur ou de la pensée. Jésus te dit qu'ils te conduiront en enfer si tu ne changes pas de vie.

Le « péché » de L'homosexualité. L'homme nait pécheur depuis le sein maternel, dit le psalmiste David. Même si tu es né(e) homosexuel, hétérosexuel, efféminé, avec des tendances de lesbianisme, etc., tu dois te repentir. On ne peut pas être chrétien et homosexuel. Si oui, un chrétien-esclave. Car il est écrit : « Tu ne coucheras pas avec un homme comme on couche avec une femme ; c'est une abomination. » (Lev 18 : 22). Il est également écrit : « Si deux hommes ont des relations homosexuelles, ils ont commis un acte abominable. » (Lev 20 : 13). L'homosexualité est plus qu'un péché, c'est une abomination aux yeux de l'Eternel. Cela dit c'est une activité contre-nature, contre la création, qui va bien au-delà des œuvres de la chair. Souviens-toi, la destination finale des chrétiens-esclaves du péché est l'enfer ; même si tu jeûnes, pries, dors à l'église, est engagé(e) dans tout genre de mouvements à l'église, fais la charité, évangélise, opère des miracles, etc. Car les chrétiens-esclaves du péché seront expulsés du Royaume, même s'ils ont reçu le baptême, même s'ils ont « cru » en Dieu autrefois.

Les autres péchés. Tu es infâme ? Tu fais des serments/promesses que tu ne respectes pas ? Tu vends ou trahis des proches pour de l'argent, pour tes honneurs ou parce que tu as peur ? Tu iras en enfer. Tu commets des actes déshonorants pour ton travail, ta famille, tes amis, ton village ou ta patrie ? Tu es un homme ou une femme malhonnête ? Tu es un infâme. Tu prends de l'argent que tu ne rembourses pas ? Tu fais des promesses que tu ne respectes pas, tu es un infâme. Tu salis l'honneur des siens, l'image de ta famille ? Tu es un infâme ? Tu es un objet de déshonneur pour ta communauté chrétienne ? Tu es un infâme. **L'infamie est une trahison contre les autres pour ses propres désirs, ses vaines convoitises**.

Tu es outrageux ? Ta spécialité est le commérage (kongossa), la violence verbale, la moquerie, l'offense très grave, les insultes et les injures ? Les portes du péché contre le Saint-Esprit te guettent. L'outrage te conduit à la haine, à la violence, au mal, à la malédiction, parfois te pousse à ordonner la mort ou le malheur. Tu es déjà allé(e) chez les marabouts pour demander vengeance ? Tu es déjà allé(e) voir les devins pour bloquer l'avenir d'un proche ? Tu es chrétien(ne), mais tu as conjuré la mort de ton ennemi, de ton prochain, de ton patron, de ton employé, de ton collaborateur, de ton frère, de ta sœur, de ton/ta fiancé ou même de ton mari (de ta femme) par voix mystique ? Vois-tu jusqu'où l'outrage peut te conduire ? À l'idolâtrie, au crime. L'outrageux est un criminel qui se rend justice. Tu iras en enfer, si tu ne te repens pas. Même si tu as reçu le baptême. Il en est de même pour les voleurs, les menteurs, les soulards, les fumeurs, les faussaires [faux papiers, fausses signatures, faux âge, fausses notes, faux diplômes, etc.], les corrompus et les corrupteurs, ceux qui méditent le mal contre leur frère, ceux qui refusent de croire en l'existence ou renient l'autorité de Dieu, etc. Car, avec Dieu il n'y a pas de petit péché. Un manguier qui à mille fruits est un manguier. Un manguier qui a un seul fruit est un manguier. **Un pécheur qui a mille péchés est un pécheur. Un pécheur qui n'a qu'un seul péché est aussi un pécheur. Ce n'est pas le nombre de tes péchés qui te qualifie ou te disqualifie pour l'enfer, mais le péché en lui-même, le style de vie que tu mènes, aimer ou pratiquer le péché, volontairement ou involontairement**. Toutes tes offenses passées et présentes t'ont apporté la mort spirituelle (Ep 2 : 5). Sans repentance, la mort spirituelle t'écarte du salut.

Tu désires faire le bien et ne parviens pas, mais te retrouve toujours en train de faire le mal, sache que tu es lié(e) par les péchés de ta généalogie, de tes habitudes impropres ou de ton environnement : l'addiction, les esprits familiaux et territoriaux. Tu dois t'en débarrasser. Renonce à cela : c'est le chemin vers la repentance.

Jean Chrysostome (1785), orateur et grand serviteur de Dieu disait dans un de ses sermons : Ne nous contentons pas de fuir le péché, fuyons encore ces choses qui paraissent indifférentes de prime abord, mais qui, peu à peu, conduisent au péché. Seule la repentance véritable vous donne la force de fuir ces choses qui vous conduisent au péché véritable. Quelles sont ces choses ? Les voici : la colère, l'avarice [chiche], l'envie, l'orgueil, la gourmandise, la paresse, la luxure, la promiscuité, les vidéos obscènes, l'habillement séducteur, la nudité sur les réseaux sociaux, etc. Ces petites choses sont les temples du diable.

La colère peut te conduire à arracher une personne à la vie, à désobéir, injurier, froisser, mépriser, menacer, détruire, blesser, offenser ou maudire. La colère te pousse à lever la main sur quelqu'un, à poignarder, à vouloir te venger, à mentir, à faire de faux témoignage, et parfois même à donner la mort. Elle trouve racine dans l'envie, l'orgueil, la jalousie ou les disputes. Tous ceux et celles qui aiment les disputes, tous ceux et celles qui jalousent, tous ceux et celles qui sont envieux, pêchent en général par la colère.

L'avarice te disqualifie du Royaume. Car tu amasses vainement des trésors sur terre qui ne te conduiront pas au ciel et que tu n'emporteras pas avec toi. Tu désires ce que tu n'as pas. Tu désires le bien d'autrui, la chose d'autrui, la propriété d'autrui, la renommée d'autrui, la célébrité d'autrui, les dons et les talents d'autrui, etc. Apprécie ce que tu as, travaille à les affermir et à les faire fructifier. Tu éprouves du chagrin ou de la haine au bonheur, aux avantages et au succès d'autrui, tu es une personne remplie d'envie. Le succès scolaire de ton petit frère te chagrine au lieu de te mettre dans la joie ? Le succès dans les affaires de ton ami(e) suscite ta colère au lieu des encouragements ? Fais attention, le diable te guette. Ton frère en Christ a plus de succès que toi dans l'évangélisation, la manifestation des dons et des fruits de l'esprit, et cela suscite plutôt en toi du dédain ? **L'envie te conduit à la convoitise et la convoitise est un péché qui t'ouvre les portes de l'enfer.**

L'orgueil est la « petite chose » qu'il faut le plus redouter : c'est l'arme fatale du diable. Le cœur orgueilleux est sourd et saoul. Il n'écoute pas. Un cœur orgueilleux ne pourra jamais reconnaître ses péchés, les confesser ou obtenir le salut. Le cœur orgueilleux conduit au péché contre le Saint-Esprit, le seul péché qui ne s'efface pas. Il pousse des hommes intelligents ou sages à se moquer des vrais chrétiens, à vilipender ou diaboliser l'autorité des hommes de Dieu. Le cœur orgueilleux amène le chrétien à voir Dieu comme un ami qu'on invite dans sa vie quand tout va mal. Et quand tout va bien, on met Dieu à l'écart comme on expulserait un mendiant de chez soi par un coup de pied. Pour le cœur orgueilleux, Dieu n'est pas Celui qui dirige sa vie, mais un personnage que l'orgueilleux associe à sa vie ou à ses projets. L'orgueil te détruira. Il est pire que le péché. Car, il t'empêche d'écouter la Parole, d'obéir à la Parole ou même d'écouter les hommes et femmes mis par Dieu sur ton chemin.

Tu es partisan(ne) des excès de table ? **La gourmandise** te disqualifie pour le royaume des cieux. Car tu as une main qui n'aime pas donner. Tu préfères être à ton aise au lieu de penser à celui qui est dans le besoin. Le gourmand ou la gourmande est naturellement injuste : tout pour lui (ou elle), rien pour les autres. Bienvenue sur le sentier de l'injustice, des maladies et des malédictions.

La paresse conduit la plupart des chrétiens à la fornication, aux plaisirs de la vie, à la cigarette, l'excès de boisson, aux péchés par pensée, à la tricherie scolaire, à la prostitution, au vol, au mensonge, etc.

La luxure est une porte ouverte à l'idolâtrie. La plupart des personnes qui aiment le luxe vivent dans l'adultère et l'idolâtrie. L'objet et l'argent ont remplacé Dieu. Ils sont prêts à tout, même s'il faut adorer d'autres dieux, pour conserver leurs richesses et leurs biens ou en avoir plus. N'est-il pas plus facile pour un chameau de passer par le trou d'une aiguille que pour un riche d'accéder au royaume des cieux ?

En résumé, il n'y a pas de communion possible avec Dieu sans repentance véritable. La repentance est un changement d'attitude envers Dieu. Avant de se repentir, un pécheur considère le péché comme quelque chose de merveilleux, ou à la rigueur, de tolérable. **Après s'être repenti, il connait le péché comme étant une chose absolument inacceptable et vile**. Avant de se repentir, il n'attache aucune importance au Seigneur Jésus. Après s'être repenti, il Le reconnaît comme étant le Seigneur Suprême. Avant sa repentance, il considère les lois de Dieu comme étant dures et méchantes. Après sa repentance, il les considère comme étant douces et bonnes. Le pécheur se repent devant Dieu de sa nature de péché et de ses œuvres pécheresses. » Zacharias Tanee Fomun, *Le chemin de l'obéissance*, 1993, p.85.

EXERCICE 1 : Après avoir lu « Chrétien sans salut ? », crois-tu que si Jésus passe son scanner sur toi maintenant, il te trouvera 100% sans péché ? Quelle est la dernière date, le dernier jour où tu crois avoir vécu sans péché ? À quand remonte ton dernier péché ? Des années, des mois, des semaines ou des jours ? Quel est le péché qui revient régulièrement dans ta vie depuis que tu as été baptisé(e) ? Si Jésus revenait à l'instant T, crois-tu que tu seras enlevé(e) ou élevé ? au ciel avec les autres saints de la terre ? Ou alors, il y a quelque chose qui te retiendrait. Prends plusieurs heures voire plusieurs jours, réponds à toute ces questions. Et si la réponse est négative, alors confesse tes péchés et informe-nous de ta décision aux adresses qui sont à la fin de cet ouvrage. Nous prierons pour toi.

CHAPITRE 2 : LA CONSCIENCE DU PÉCHÉ

1. VIVRE À L'IMAGE DE CHRIST EST-CE POSSIBLE ?

Beaucoup de personnes se demandent s'il est vraiment possible de vivre comme le Christ, sans pécher ? Oui, c'est possible quand Christ vous affranchit. Christ ne vous affranchit que lorsque votre cœur tout entier le désire avec pureté et sincérité. Dans le livre des Actes des Apôtres, quand Saul de Tarse, devenu Paul, fut renversé de son cheval, en route pour la persécution des chrétiens de Damas, il fut aveuglé par Jésus en personne. Puis, Paul « resta trois (03) jours sans voir, et il ne mangea ni ne but » (Ac 9 : 9). La Parole de Dieu ajoute que Paul priait afin de recouvrer la vue. (Ac 9 : 12). Saul est tombé. Lorsqu'il s'est relevé, il n'était plus le même. Il était devenu Paul, une nouvelle créature.

Lorsqu'on est en Christ, on devient une nouvelle créature. On se dévêtit du péché, le manteau de Satan, pour revêtir le manteau de l'Agneau, celui de Jésus : c'est le mystère du salut qui ne s'accomplit jamais sans une véritable repentance. Détrompe-toi : si tu tombes à terre (le péché) et que tu te relèves sans changement, tu n'as produit qu'une fausse confession, une fausse repentance, une fausse conversion. C'est ce qui arrive à de nombreux chrétiens catholiques. Ils confessent partiellement leur péché. Ils ont plusieurs confesseurs et ne souhaitent pas que tel prêtre ou tel autre prêtre entende tel ou tel autre péché. Ils ont même une version enjolivée de leur péché qu'ils cachent au prêtre et croient cacher à Dieu. Cupidité ! Non, ce n'est pas une confession. C'est une formalité religieuse. **Tout acte de confession qui n'est pas sincère devient et demeure une simple formalité religieuse auquel ne prendra guère le Saint-Esprit, le Commandeur Universel**. Fais-tu partie de ceux qui confessent leurs péchés alors qu'ils savent au fond d'eux-mêmes qu'ils vont recommencer tout juste après ? « Mon père, pardonne-moi car j'ai couché avec mon copain, ma copine. » Mais tu ne prends aucune mesure pour cesser la vie adultère. Elle te conduira tout droit en enfer.

C'est la raison pour laquelle Jésus a permis que Paul passe trois jours de crise, de désert. Car toute communion véritable avec Christ débute ou passe par une crise. Paul a pris trois jours de jeûne, aveuglé, et quand son cœur a été sincère, Ananias lui a imposé les mains. Puis, après, il a demandé à Barnabas de le baptiser. Le cœur de

Paul était sincère lorsqu'il a demandé à s'unir à Christ par le baptême. Dès cet instant, il fut lié à l'esprit des apôtres. L'esprit du monde le quitta.

La vraie communion avec Dieu vous coupe de l'esprit du monde. Tout ce qui attire les mondains vous déplaît. Le centre de vos priorités est bouleversé. La messe ou le culte ne te parait plus long(ue) et la bible ou les messages bibliques ennuyeux. Si vous êtes en Christ et vous sentez attirés par les boîtes de nuit, les femmes, les hommes, le luxe, le commérage ; vous volez, vous mentez, vous manipulez, vous n'êtes pas prêt à restituer ce que vous avez volé ou détruit. Si vous cachez vos fautes au lieu de les laisser paraître au grand jour et de s'en servir comme témoignage pour édifier l'église, alors vous vivez dans l'iniquité. L'enfer vous guette après l'église.

Si tu fais partie des chrétiens qui veulent quitter le péché, mais n'ont jamais pu s'en séparer pourtant ils le désirent vraiment, à travers ce message, tu comprendras pourquoi jusqu'ici, Jésus ne t'a jamais personnellement rendu visite. Il y a aussi ceux qui ont reçu Jésus une fois, mais après ont rétrogradé. En lisant attentivement ce message et en ouvrant ton cœur au pouvoir rédempteur du Saint-Esprit, tu comprendras certainement pourquoi le diable a fini par avoir raison de toi. Aujourd'hui tu es avec Jésus, demain tu es avec Satan. Ta vie doit être comme celle des premiers chrétiens : ils ont demeuré en Christ. Tous sont passés par cinq étapes. Les étapes de la communion véritables avec Dieu sont comme les cinq doigts de la main.

Etape 1- Le pouce : Reconnais que tu es pécheur

Etape 2 : L'index : Confesse tous tes péchés

Etape 3 : Le majeur : Abandonne radicalement et totalement le péché sur toutes ses formes

Etape 4 : L'annulaire : Restitue ou restaure tout

Etape 5 : Auriculaire : Soumets-toi

2. LES ETAPES DE TA DELIVRANCE

Etape 1 : JE SUIS PÊCHEUR

Fais attention ! Si tu rates l'étape 1 de ta communion avec Dieu, jamais au grand jamais tu ne rencontreras la personne du Christ. Christ ne sera pour toi que le fils de Dieu, mais pas ton compagnon. Christ sera ton Sauveur, mais jamais ton Seigneur. Il ne restera qu'un personnage biblique qui a accompli des signes et prodiges dans la bible, mais pas dans ta vie. Il visitera tes amis, mais ne te visitera jamais. Tout commence par une étape : **reconnaître que sans Dieu, sans Jésus, même la poussière a plus de valeur que toi**. Prends une position qui te sied et parle à Dieu comme le Roi David qui a reconnu sa souillure depuis le sein maternel : « Voici, je suis né dans l'iniquité, Et ma mère m'a conçu dans le péché. Mais tu veux que la vérité soit au fond du cœur… » (Ps 51 : 5-6).

L'orgueil t'empêchera de croire que tu es né fils ou fille de satan, depuis le péché originel d'Adam et que tu as besoin de Jésus, l'unique chemin, l'unique vérité et l'unique vie, pour être sauvé (e). Lui seul peut ôter tes péchés, les plus noirs, les plus sales et les plus répugnants. Il suffit que la « vérité soit au fond de ton cœur » avant que tu ouvres ta bouche pour le reconnaître. Sinon, tout ce que tu feras après n'est qu'une comédie religieuse. Tu vas amuser les ténèbres avec ta confession, faire rire le diable, perdre du temps à ton confesseur et déplaire à Dieu. Quand tu reconnais ton statut de mendiant de son amour - car en réalité Jésus n'a pas besoin de toi, tu as plutôt besoin de lui, - il te permet de voir ton orgueil, ta faute, ta révolte, ton adultère. Puisque en réalité, tout péché est un acte d'infidélité contre Dieu. Es-tu prêt(e) à reconnaître ton statut de pécheur, que sans Jésus, tu ne peux être sauvé(e) ? Que ce n'est ni ta volonté, ni tes prières, ni tes œuvres, ni tes dons et talents, ni ton ambition, ni la religion qui te sauveront, mais Jésus mort sur la croix pour tes péchés ?

Si tu reconnais au fond de toi que tu ne peux rien sans Jésus et que depuis ta naissance jusqu'à présent, tu L'as persécuté sans relâche par ta désobéissance, par ta révolte et par ton iniquité, alors confesses de tes lèvres (les lèvres du cœur et les lèvres de ton palais) que tu es un pécheur, que tes parents, tes frères et sœurs sont aussi des pécheurs et que toute ta famille a besoin de sa divine grâce pour être sauvée. Si tu le fais, le pouce est acquis à Jésus. Il faut maintenant lui donner ton index.

Etape 2-SEIGNEUR, J'AI PÉCHE CONTRE TOI, L'EGLISE ET LES HOMMES

Nombreux sont les chrétiens qui franchissent l'étape 1 de la communion avec Dieu. Ils savent qu'ils sont pécheurs et qu'ils ont besoin de la grâce de Dieu pour être sauvés. Mais la peur, la honte, l'orgueil, l'avarice, la convoitise etc. -parce que le cœur n'est pas sincère- les éloignent de la véritable confession. Ils confessent leurs fautes devant Dieu, devant un confesseur, devant l'église. Mais au fond d'eux, ils savent qu'ils vont recommencer. Les plus malins confessent sincèrement une partie de leur péché, les péchés « les moins sales ». Les « plus sales », ils les cachent : « ça c'est entre Dieu et moi. Lui-même il voit. Il comprendra. Si je confesse ça publiquement, qu'est-ce qu'on dira de moi ? Je suis un homme mort. » D'autres chrétiens encore, les plus redoutables, donnent une version romancée de la confession de leur péché : les autres sont coupables, ils les ont poussés à la faute. Si l'autre n'avait pas été là, il n'aurait pas commis la faute. C'est une caractéristique principale des fils d'Adam : « La femme que tu m'as donnée, c'est elle qui m'a donné du fruit de l'arbre » (Gen 13 : 3).

Adam accuse Dieu. Adam accuse Ève. Il reconnait son péché, mais échoue lamentablement à l'épreuve de la confession et de la repentance véritable. Au contraire, il augmente son châtiment. « Seigneur, tu sais ? Je n'avais pas d'argent, c'est pour cela que j'ai volé ». Tout péché justifié, non confessé, mal-confessé ou confessé partiellement te maintient dans l'esclavagisme dont parle Jésus dans Jean 8 : 34-35. Il te disqualifie du Royaume, même si tu as reçu le baptême, même si tu as « cru » que Jésus peut te sauver.

C'est la conscience du péché qui pousse les hommes, les serviteurs de Dieu, les communautés chrétiennes et les nations à se repentir par toutes sortes de pratiques dignes de la vraie repentance. Dans l'Ancien Testament, Israël, lorsqu'elle péchait, revenait à Dieu dans le deuil, dans les lamentations, dans l'humiliation. C'est la conscience du péché qui te pousse à t'humilier devant le Dieu Créateur. Comme Israël pécheresse, reviens à Jésus de tout ton cœur, de toute ton âme et de toutes tes forces.

> Maintenant encore, dit l'Éternel, revenez à moi de tout votre cœur, avec des jeûnes, avec des pleurs et des lamentations ! Déchirez-vos cœurs et non vos vêtements, et revenez à l'Éternel, votre Dieu ; car il est compatissant et miséricordieux, lent à la colère et riche en bonté, et il se repent des maux qu'il envoie. » (Jr 2 : 12-13)

N'aie pas peur de faire le pas vers la conscience de ton iniquité, du vice qui sévit en toi, aussi intense que léger, source de ton mal-être. Détourne-toi de tes mauvaises voies. **Car, derrière toute faute avouée se cache une grâce : celle de la miséricorde**. Dieu est riche en bonté. Si tu prends conscience de ton péché et le confesse, il y a plus que la miséricorde qui t'attend. Même la bénédiction pour ton héritage t'est promise.

> « Quand je fermerai le ciel et qu'il n'y aura point de pluie, quand j'ordonnerai aux sauterelles de consumer le pays, quand j'enverrai la peste parmi mon peuple ; si mon peuple sur qui est invoqué mon nom s'humilie, prie et cherche ma face, et s'il se détourne de ses mauvaises voies, je l'exaucerai des cieux, je lui pardonnerai son péché, et je guérirai son pays. Mes yeux seront ouverts désormais, et mes prières seront attentives à la prière faite en ce lieu. » (2 Ch 7 : 13-15)

Nombreux sont les chrétiens que Dieu n'écoute plus et les prières que Dieu n'exauce pas à cause de mauvaises confessions, ou bien-même à cause d'une mauvaise conscience de leur péché. Tu reconnais une partie de la faute, mais pas la totalité. Tu reconnais ta faute, mais tu as honte d'aller en détails. **La véritable confession est le processus d'une longue épreuve d'humiliation, de prière et de quête du visage de Dieu. C'est la preuve de notre abandon à Dieu.**

Comment donc réussir une bonne confession ? Déchire ton cœur et non ton vêtement. Ouvre ton cœur et non tes lèvres.

- ➢ Premièrement, on ne se confesse pas parce que l'église dit qu'il faut se confesser. Sinon, vous devenez un mouton de la religion. L'on se confesse parce qu'on est convaincu que le mal a établi sa demeure en nous.
- ➢ Deuxièmement, la confession n'est pas adressée à un prêtre ou un pasteur, mais à Dieu.
- ➢ Troisièmement, ce n'est pas le pasteur, le prêtre ou le prophète qui ôte votre péché, mais Jésus. Dieu/Jésus peut utiliser un messager pour vous ôter votre malédiction ou votre iniquité : « tout ce que vous lierez sur la terre sera lié dans le ciel, et tout ce que vous délierez sur la terre sera délié dans le ciel. » (Mt 18 :18). Mais si le messager utilisé par Dieu te visite alors qu' « au fond ton

cœur », tu ne veux pas abandonner le péché ; même si tu dis un « oui » des lèvres, tu retomberas de plus belle dans le péché.

- ➢ Quatrièmement, l'on ne se confesse pas par intérêt. Tu te confesses parce que tu souhaites épouser un homme d'église ou une femme d'église ? Tu te confesses parce que tu veux être dirigeant (e) d'assemblée ou intégrer une chorale ? Le péché te rattrapera dans ton mariage ou dans tes nouvelles fonctions à l'église. Tu te confesses parce que tu veux être sauvé(e) des attaques de la sorcellerie ou de l'occultisme ? Même étant à l'église, satan viendra te trouver et te frapper. Et c'est ce qui arrive à de nombreux chrétiens catholiques. Ils sont à l'église et ont peur des démons plus que les païens. La véritable confession n'a de destinée, de motif et de sens que JÉSUS : rechercher son intimité. Ainsi, sans mari, sans femme, sans enfants, sans emploi, dans la pauvreté, la misère, le malheur, vous lui serez toujours fidèles, parce que son amour, son amitié vous suffit. **Le but de votre confession est LA FIDÉLITÉ À JÉSUS POUR LA REDEMPTION DE VOS PÉCHÉS.**

EXERCICE 2 : Une fois conscient(e) de tous ces aléas, cherche des feuilles de papier ou un cahier ou si tu veux, va directement sur ton ordinateur et commence à énumérer et décrire tes péchés **un par un** depuis ta naissance jusqu'à l'âge actuel, même les péchés que tu as déjà confessés et qui pourtant restent dans ton cœur comme un fardeau. Tu peux les classer ainsi :

SYSTEME 1 : 00-04 ans ; 05 ans-12 ans ; etc.

SYSTEME 2 : péchés à l'âge de l'école primaire, péchés à l'âge de l'Université, etc. Ce sera pénible, très pénible même.

SYSTEME 3 : Par péché : idolâtrie (1er commandement…), Honneur aux parents (4ème commandement), Immoralité sexuelle, etc…tous les dix commandements (Exode 20, 1-17). Ajouter à ce tableau des dix (10) commandements 1 Corinthiens 13 : 1-13 et interrogez votre vie avec Christ et les hommes. Il y a les péchés de votre relation avec Dieu (Commandement 1-3) et les péchés de votre relation avec les hommes (Commandement 4-10).

Note d'encouragement*. Je me suis moi-même livré à cet exercice après avoir passé toute ma vie à combattre avec le péché. Tantôt je vivais dans la sanctification, tantôt je rétrogradais à cause du péché. Deux ans avec Dieu, un an avec satan. Un an avec Dieu, un mois avec satan. Et si l'apôtre Paul avait vécu ainsi, et si les premiers chrétiens avaient vécu ainsi, penses-tu que l'Évangile serait parvenu jusqu'à toi ? Souviens-toi que Saphira et Ananias ont été frappés par la mort quand ils ont volé après avoir reçu Christ comme leur Seigneur et Sauveur. C'est ce qui arrive quand on pèche après avoir rencontré Christ : le corps spirituel décède. On rentre à l'état d'Adam. On va à l'église, mais on n'est pas sauvé. On chante à la chorale, mais on ira en enfer. On prêche aux fidèles sur Christ, mais on ira en enfer parce que prêtre, pasteur, évangéliste, prophète, chrétien tout court, on est mordu par le péché.*

Une fois que tu as achevé de confesser tes péchés à Dieu, seul(e) à seul(e). Après les avoir rédigés et/ou déclarés, tu es qualifié(e) pour entamer la troisième étape : le majeur.

CHAPITRE 3 : L'ABANDON

Dans la dernière section, nous avons vu que communier avec Dieu c'est comme manger avec les cinq doigts de la main : le pouce, l'index, le majeur, l'annulaire et l'auriculaire. L'étape 1 (le pouce) consiste à reconnaitre que tu es pécheur. L'étape 2 (l'index) demande de confesser tous tes péchés. L'étape 3 (le majeur) exige d'abandonner radicalement et totalement le péché sur toutes ses formes. L'étape 4 (l'annulaire) c'est la restitution ou la restauration de tout ce que tu as volé, caché, blessé, etc. à leur propriétaire. La dernière étape, l'étape 5, c'est la soumission à un véritable serviteur de Dieu afin de demeurer en Christ, sous son onction quand le diable frappera à nouveau. Le message précédent a porté sur le pouce et l'index. Nous allons aborder le majeur : l'abandon radical et total de ton ancienne vie.

3. POURQUOI TU AS BESOIN DU PARDON ?

« Venez à moi vous tous qui êtes fatigués et chargés et je vous donnerai du repos » (Mt. 11 : 28). Tu as reçu le baptême d'eau, il y a quelques mois, un an, plus d'un an, plus de cinq ans, dix ans, quinze ans, vingt ans, etc. mais tu sembles toujours affamé(e) et assoiffé(e) ? Tu vas à l'église tous les dimanches, parfois tous les matins, mais tu ressens toujours de la tristesse au fond de ton cœur au lieu de la joie ? Des années tu as trainé avec toi une maladie, une peur, une malédiction…pourtant tu es chrétien(ne), baptisé(e), communié(e), confirmé(e), marié(e) à l'église ? Rien de tout cela ne t'a quitté et tu n'as pas la paix ?

Tu sors d'un divorce, d'une rupture de relation ? Ton mari t'a abandonné avec les enfants ? Ton père n'est plus régulier au foyer ? Ta femme est soudainement partie ? Elle a soudainement changé de comportement ?

Il y a des évènements bizarres qui se produisent dans ta famille ? Vous entendez des voix, vous faites des cauchemars sans cesse et à répétition ? On vous parle des personnes qui vont mourir ? On vous menace de mort, de folie ou de malédiction ? Tu as des frères et des sœurs tourmentés par des esprits mauvais, pourtant tu es chrétien(ne), ils sont chrétiens, vous êtes tous chrétiens, et cette domination satanique dure depuis des années, des décennies, etc. ?

Tu es délivré du monde des démons, mais tu ne parviens pas à te séparer de la colère, de la médisance, de la convoitise, de l'immoralité sexuelle [pelotage, fornication, adultère], de l'impudicité, du mensonge, de l'escroquerie ou de l'alcoolisme, etc. ?

Votre famille est chrétienne, mais vous pratiquez encore le culte des crânes, rendez visite aux marabouts, voyants, guérisseurs, féticheurs ? Ton père ou ta mère est chrétien mais en même temps rosicrucien ou franc-maçon, sataniste, etc. ?

Tu préfères la fête, les soirées nocturnes et le luxe aux veillées de prière et d'adoration ? Tu préfères la musique mondaine à la musique chrétienne ? Tu es chrétien(ne) et tu visionnes encore les film-pornographiques, tu te masturbes ? Tu ne te masturbes pas, mais quand tu aperçois une jeune fille belle et exhibée passer, ta verge devient incontrôlable, etc. ?

Si tu te trouves dans une ou plusieurs de ces cas d'iniquité après avoir reçu le baptême, sache que ta famille et/toi êtes encore liés par le péché ou l'iniquité. Malgré tes confessions et tes multiples confessions, tu retombes dans le péché, parfois cela devient pire ? Voici, pourquoi l'étape majeure de ta communion avec Dieu a toujours échoué.

Nombreux sont les chrétiens qui vont se confesser sans être prêts à abandonner le péché. Et quand vous le désirer véritablement, mais finissez par y retombez, il se pourrait que l'environnement dans lequel vous vivez (famille, église, camarades, etc.) n'honore pas Dieu ou ne lui est pas fidèle. Vous devez vous séparer radicalement et totalement de cet environnement. « Et si ta main droite est pour toi une occasion de chute, coupe-la et jette-la loin de toi ; car il est avantageux pour toi qu'un seul de tes membres périsse, et que ton corps entier n'aille pas dans la géhenne. » (Mt. 5 : 30).

Es-tu prêt(e), aujourd'hui, à « couper ta main » et à « la jeter au feu » pour ne pas périr en enfer ? Es-tu prêt(e), maintenant, à « arracher ton œil » et à « le jeter loin » de toi ? Prends du temps, médite sur cette question dans ton cœur avant de continuer la lecture. Si tu n'y pas prêt(e), arrête la lecture et reviens quand tu seras prêt(e). Si tu es prêt(e), continue et mets en pratique les instructions qui te sont recommandées depuis la section 1 & 2 de « Communier avec Dieu ».

Oui, la vérité se trouve-là. **Toute confession qui n'est pas précédée par cette volonté résolue de couper avec le péché, n'est pas une confession, mais un acte culturel ou religieux**. La confession véritable, en Jésus-Christ, vous libère du péché. Il y a des saints hommes de l'église qui, après une confession devant un prêtre ou une confession publique ont radicalement et totalement changé de vie. Qu'est-ce qui s'est passé ? Leur confession était sincère. « J'accomplirai mes vœux envers l'Éternel, en présence de tout son peuple. » (Ps 118 : 14/18). Elle a été rédemptrice. **La confession rédemptrice vous conduit à l'abandon total et radical du péché sous toutes ses formes**.

Si tu ne te sépares pas radicalement et totalement du péché en tant que chrétien(ne), tu cours tout droit vers les portes de l'enfer. Il n'y a pas de purgatoire pour te sauver. Le véritable purgatoire, l'avance du salaire du péché, se vit sur la terre. Si des mois, des années après avoir reçu ton baptême, tu vis comme un païen, alors sache que tu es mort(e) depuis longtemps. Par le baptême, le chrétien devient une nouvelle créature, car le baptême est la porte de la nouvelle naissance s'il a cru, s'il a la foi. Cette nouvelle naissance s'opère par la grâce. L'apôtre Paul déclare que nous avons deux corps : « le corps naturel » et le « corps spirituel ». Notre corps spirituel est supposé s'affermir au fil des ans tandis que notre corps naturel s'affaiblit. **Si ton corps spirituel se nourrit de péché au lieu de se nourrir de prière, de jeûne, de sanctification et de victoires pour le Royaume, mon frère, ma sœur, tu es un(e) candidat(e) pour l'enfer**. Car nombreux sont ceux qui sont appelés, mais il y aura peu d'élus » (Mt. 22 : 14).

4. L'ABANDON TOTAL ET RADICAL DU PECHE

Pour comprendre exactement ce que l'on entend par abandon radical et total du péché, prends ta bible, ouvre le livre des psaumes, 106, et lis :

> « Il les sauva de la main de celui qui les haïssait, il les délivra de la main de l'ennemi. Les eaux couvrirent leurs adversaires : il n'en resta pas un seul. Et ils crurent à ses paroles, ils chantèrent ses louanges. Mais ils oublièrent bientôt ses œuvres, ils n'attendirent pas l'exécution de ses desseins. Ils furent saisis de convoitise dans le désert, et ils tentèrent Dieu dans la solitude. Il leur accorda ce qu'ils demandaient ; puis il envoya le dépérissement dans leur corps. » (Ps 106 : 11-15).

Par les eaux baptismales, Dieu, comme Israël au désert, te délivre du péché originel, celui d'Adam. Il te retire de la main de satan et te couvre de son ombre. En général, quand on est nouveau baptisé, nouveau converti, il y a de la paix, de la joie, des célébrations. On veut dire à tout le monde qu'on a donné sa vie à Christ, qu'on est chrétien. Mais la marche du chrétien s'arrête-t-elle au baptême ? Dieu conduit tout chrétien, Israël, vers une terre promise, « une ville habitable » (Ps 107 : 7). Et tous les chrétiens marchent vers la nouvelle JERUSALEM, la Jérusalem céleste. En cours de chemin, même si la volonté de Dieu est que toutes ses créatures soient sauvées, il y a ceux et celles qui agiront avec cupidité dans leur marche vers le Seigneur. La « convoitise » et l'« orgueil » détournent de nombreux chrétiens des voies qui mènent vers le Royaume. Fais-tu partie de ce ceux ou celles qui ont été détournés du chemin de la sainteté après leur baptême ?

Malgré qu'Israël se soit détournée du Seigneur, Dieu leur accorda ce qu'ils demandaient ; puis il envoya le dépérissement dans leur corps (Ps 106 : 15). C'est ce qui arrive à de nombreux chrétiens catholiques, orthodoxes, protestants, anglicans, presbytériens, pentecôtistes, de réveil, etc. Ils ont reçu le baptême d'eau et, parfois, celui du Saint-Esprit. Dieu leur a donné de la prospérité et des dons spirituels. Ils peuvent prophétiser, chasser les démons, avoir la parole de connaissance, faire des miracles etc., mais leur corps spirituel est en plein dépérissement. Ne soyez pas surpris que de grands hommes de Dieu commencent bien leur ministère mais le terminent par des scandales de toutes sortes. Ne soyez pas surpris que votre prédicateur prêche bien, merveilleusement bien, mais fait le contraire de ce qu'il dit. Il est très impératif de faire attention à votre marche vers Christ. Dieu veut votre cœur, tout votre cœur entier à lui. Il ne tolèrera pas votre iniquité indéfiniment et impunément. Car il y un temps pour tout. C'est pourquoi le psaume ajoute : « Ils se souillèrent par leurs œuvres, ils se prostituèrent par leurs actions. La colère de l'Éternel s'enflamma contre son peuple, et il prit en horreur son héritage. » (Ps 106 : 39-40).

Le Seigneur vous retira la promesse qu'Il vous a faite par le baptême si vous continuez dans la voie de l'iniquité : « plusieurs fois il les délivra ; mais ils se montrèrent rebelles dans leurs desseins, et ils devinrent malheureux par leur iniquité » (Ps 106 : 43). **Le péché vient du cœur. Il nait dans le cœur. C'est un « dessein »** (Ps 106, 43) qui **finit par vous plonger dans l'iniquité**. Et Jésus lui-même dit : « quiconque se livre au péché est esclave du péché. Or l'esclave ne demeure pas toujours dans la maison, le fils y demeure toujours. » (Jn 8 : 34-35). C'est en cela que **le salut peut être défini comme l'acte ponctuel d'acceptation de Christ par la foi, en vue d'être conduit avec Lui par l'Esprit jusqu'à l'œuvre de la croix.**

Rentrons dans l'histoire pour comprendre ce qui s'est passé avec Israël. Le peuple d'Israël a été sorti d'Égypte et a reçu la circoncision (baptême). Pendant la traversée, nombreux sont les israélites (chrétiens) qui ont voulu rentrer en Égypte (l'ancienne vie). D'autres par contre ont continué de marcher dans le désert, mais n'ont pas respecté les lois de Dieu. **Cette marche dans le péché a prolongé le séjour d'Israël au désert.** Dieu a, par Moïse et ses serviteurs, exterminé une bonne partie du peuple quand Il ne souhaitait pas le faire Lui-même. Une bonne partie de ceux qui avaient pourtant connu la circoncision (le baptême) n'ont pas vu la terre promise. Ils sont morts au désert par leur faute. Moïse, lui-même, n'a pas vu la terre promise, uniquement en esprit. Quoique nous ne soyons sauvés ni par la loi ni par nos œuvres, le non-respect de la loi nous plonge dans l'iniquité. Et après qu'une bonne partie du peuple fut décimée, Dieu instruisit à Josué, successeur de Moïse, de faire circoncire Israël à nouveau en leur ordonnant de traverser le Jourdain à pieds secs. Israël pendant sa marche depuis l'Égypte jusqu'à la conquête de Canaan a connu deux circoncisions. Si vous êtes tombés dans le péché après le baptême, il est impératif que vous naissiez de nouveau. C'est l'œuvre du Saint-Esprit. Ce n'est pas par vos propres forces que vous pourriez abandonner radicalement et totalement le péché. C'est par le pouvoir du Saint-Esprit qui vous délivre radicalement et totalement du péché.

Quand on reçoit le baptême, on devient comme un bébé. Vous avez un cœur, mais qui bat comme celui d'un nouveau-né. Ce cœur n'est pas ferme. Il a besoin de se nourrir spirituellement aussi longtemps que se nourrira votre corps naturel. Lorsque vous arrêtez de vous nourrir spirituellement, c'est votre mort spirituelle qui est programmée.

Vous êtes à l'église, mais le culte (ou la messe) vous semble long ? Votre vie chrétienne se résume à aller à l'église tous les dimanches ? C'est à peine si vous avez une bible, pouvez l'ouvrir, la lire, la méditer jour et nuit comme le recommande le serviteur de Dieu, David ? Tu es chrétien(ne) mais tu es attiré(e) par le monde, ses plaisirs et ses vanités ? Sache que ton corps est en train de périr. Ressaisis-toi ! Réveille-toi ! Abandonne tes voies mauvaises ! Car ton corps pourrit. Dieu te donnera à manger et à boire, mais ce corps ne durera pas longtemps pour savourer la promesse divine. Voilà pourquoi certains chrétiens trouvent la mort dans des conditions injustifiables, parce qu'ils ont servi deux maîtres à la fois. D'autres encore, et même des serviteurs de Dieu, connaissent des fins infâmes ou malheureuses, parce qu'ils se sont détournés de Dieu à un moment donné de leur vie par le péché et n'ont pas abandonné le péché. D'autres chrétiens encore seront en vie, jusqu'à la fin de leur jour, le temps prévu par Dieu, mais ils seront le jouet des païens, le ballon des esprits mauvais et impurs. Au lieu de prendre autorité, ils fuient ces esprits mauvais, comme l'homme devant la mort. Si cela vous arrive, vous êtes morts ! Changez de vie ! Séparez-vous du péché ! Séparez-vous de l'environnement [physique/spirituel] malsain et impropre dans lequel vous baignez ou que vous fréquentez. La séparation doit être radicale et totale.

SÉPARATION RADICALE DU PÉCHÉ

Si tu as une copine ou un copain, au lieu d'aller te confesser pour avoir forniqué, car souviens-toi que Dieu regarde en ton cœur « le dessein », coupe la relation avec elle/lui avant d'aller te confesser. Puis, demande lui pardon pour avoir forniqué et demande pardon à Dieu. Ça ne suffit pas. Tu as le choix entre garder l'amitié avec elle/lui ou couper tout contact (téléphone, rencontre). Mais si tu choisis de garder le contact avec elle/lui, plus de visite à domicile, plus des seul à seul dans le noir ou dans des espaces clos. Pas de rencontre solitaire entre vous, sans ton père spirituel ou un membre de l'église. Voilà ce qu'on appelle séparation radicale en ce qui concerne la fornication. Il en est de même pour tous les autres péchés.

SÉPARATION TOTALE DU PÉCHÉ

La séparation totale signifie que vous ne revenez à aucune pratique de ce péché sous toutes ses formes. Si tu avais dix copines ou dix « copains » avec qui tu te livrais à l'adultère, si maintenant tu n'as qu'un seul copain ou une seule copine avec qui tu commets l'immoralité sexuelle (fornication), alors tu es adultère. Si tu as cessé toute « relation amoureuse » sans être marié(e), mais tu continues de temps à autre, une fois l'an, une fois tous les deux ans, une fois tous les trois ans, à forniquer, tu es adultère. Ta séparation n'est pas totale. Si tu ne forniques plus, mais tu caresses seulement, embrasses et déshabilles, jouis et éjacules à l'extérieur sans connaître le cœur de son intimité, tu es adultère. Si tu ne fais rien de cela, mais te masturbes ou regardes les films et vidéo pornographiques ou obscènes, tu es adultère. Si tu ne te masturbes pas, mais penses à tes ex, vos ébats sexuels, et même aux nouvelles personnes que tu rencontres, sans rien leur dire, mais fabriques tout genre de film porno ou obscène dans ta tête, tu es adultère. Etc.

Tu te reconnais dans tous ses péchés ? Tu te reconnais dans cette vie qui déplaît à Dieu et précipite ton corps naturel et spirituel à la mort ? Une nouvelle circoncision est impérative pour sceller ton engagement avec Dieu. Parfois, tu ne parviens pas à te séparer radicalement et totalement du péché, parce que tu gardes encore avec toi des marques, des cicatrices, des objets ou des cadeaux de ceux avec qui tu as été lié(e) par le péché. Il faut t'en débarrasser. Satan les utilise comme des appâts pour te faire retomber à nouveau dans le péché. C'est la quatrième étape, celle de la restitution, c'est l'une des étapes les plus complexes. Mais avant, il faut avoir entériné avec ton passé : rédiger/déclarer tes péchés, les confesser, puis prendre l'engagement de ne plus jamais y retourner, de ne plus retourner en Égypte. C'est cela en réalité le sens du baptême d'eau : un acte d'engagement personnel (1 P 3 : 21) et volontaire à l'obéissance à Dieu. Rassurez-vous que l'environnement (l'église, la communauté) dans lequel vous êtes baptisés honore Dieu seul et le sert avec fidélité et que celui qui pose sa main sur votre tête pour vous baptiser est un saint homme. Si ce n'est pas le cas, vous devez rentrer à nouveau dans les eaux. Ça ne vous fera pas du mal : c'est juste une deuxième circoncision qui vous prépare à la traversée du Jourdain. Car, dans votre marche avec l'Éternel, vous ne lui avez pas été fidèles. Or, dans votre état actuel, vous ne pourriez pas victorieusement remporter les batailles féroces qu'impose à tout chrétien la possession de Canaan. Le diable vous écrasera si vos fondements ne sont pas solides : « Quand les fondements sont renversés, le juste, que ferait-il ? » (Ps 11 : 3) Ne laissez pas votre maison être bâtie sur du sable. Ne laissez à satan aucune occasion de venir attaquer votre nouvelle vie à cause de vos péchés d'autrefois. Séparez-vous de tout ce qui peut vous tirer par le bas aujourd'hui et demain, pardonnez et faites-vous pardonnez ! Laisse le Seigneur te fournir tout le matériel dont tu as besoin pour bâtir ta destinée créée par Dieu. Ne prends et n'accepte rien de satan et de ses œuvres. Rien de ton ancienne vie ne doit entrer dans votre nouvelle maison. C'est la marche vers la quatrième étape : la restitution.

CHAPITRE 4 : LA RÉPARATION

Cette avant-dernière et quatrième étape, l'annulaire, concerne spécialement ceux qui ont donné leur vie à Jésus. Ils ont reçu le baptême mais sont tombés dans le péché. Ils ont reconnu leur iniquité originelle et actuelle. Ils ont rédigé leurs fautes dans un livre (cahier) personnel. Ils ont pleuré sur leurs fautes. Ils veulent se réconcilier avec Dieu, mais ressentent encore un fardeau sur leurs épaules : leur passé, la peur de perdre leurs ami(e)s, la honte des moqueries, le regret de tout abandonner pour ne servir et désirer que Jésus-Christ lui seul ; le risque de tout consacrer à Jésus : leurs péchés, leur présent, leur avenir, leur travail, leurs projets, leur famille, leur destinée, etc. Si tu fais partie de cette catégorie, tu es qualifié(e) pour parcourir cette quatrième section de « Communier avec Dieu ». Elle porte sur la restitution. **Votre restitution provoquera votre restauration par Dieu.**

Etape 4 : SEIGNEUR, JE REMBOURSE TOUT ! JE DEVOILE TOUT !

> « C'est pourquoi, frères, appliquez-vous d'autant plus à affirmer votre vocation et votre élection ; car, en faisant cela, vous ne broncherez jamais. » (2 P 1 :10)

Prends un bon dictionnaire autour de toi. Tu constateras que le verbe transitif et d'action « restituer » porte au moins deux sens : rendre une chose dérobée ou retenue indûment (1), reconstituer à l'aide de fragments, de documents (2). **La restitution implique une double action de la part du pécheur qui se repent : RENDRE (1) + RECONSTITUER (2)**. En tant que pratique biblique, tout comme la dîme, la restitution n'est pas imposée. Payer ou ne pas payer la dîme ne te conduit pas au ciel. Seul Jésus Christ détient les clefs du royaume des cieux. Toutefois, la restitution, pratique biblique de l'Ancien et de Nouveau Testament, fait partie des lois qui gouvernent la terre. Car il y a les lois qui gouvernent le Royaume des cieux, mais il y a aussi celles qui gouvernent la terre, de même que celles qui régissent le monde. Nul n'a jamais dit que si vous ne payez pas votre dîme, vous irez en enfer. Mais, elle fait partie de saines pratiques qui permettent au chrétien de posséder leur héritage, d'avoir victorieusement accès aux trésors de leur destinée : « Produisez donc du fruit digne de la repentance » (Mt 3 : 8).

Ainsi, la restitution peut être considérée comme un fruit digne de la repentance. Elle fait partie intégrante des fruits de la repentance. C'est pourquoi l'apôtre Paul nous exhorte d'affermir notre vocation et notre élection par nos œuvres. Les œuvres ne nous sauveront pas. Car, nous sommes sauvés par la grâce par concours de la foi. **Mais les œuvres, accomplies au nom de Jésus-Christ, représentent un parfum agréable à l'odorat du Créateur. En réalité, et là je partage avec vous ce secret, la restitution complète est le ciment de votre repentance. C'est elle qui scelle votre communion permanente avec Dieu.** Le diable n'aura plus aucun mandat sur votre vie. J'ai entendu parler de la restitution pour la première fois dans un livre que je te conseille vivement : « La vraie repentance » du Pr. Zacharias Tanee Fomun. Mais, j'ai été convaincu de la restitution par le Saint-Esprit en attendant un sermon. Ce que je te conseille d'appliquer ici, c'est ce que j'ai mis en pratique, depuis la rédaction de mes propres confessions sur près de 50 pages à la rencontre de mon père spirituel jusqu'à la restitution. Jusqu'à présent, je continue de restituer, notamment ma dîme. La restitution est l'unique étape, des cinq étapes de la communion avec Dieu, qui s'avère progressive. Car elle est la marche la plus pénible, voire la plus humiliante de toutes. Es-tu prêt(e) à faire ce quatrième pas avec moi ? Si c'est un oui, arrête-toi un instant, prie. Demande au Saint-Esprit de t'aider à TOUT RESTITUER.

1. VOICI COMMENT LA RESTITUTION M'A ÉTÉ RÉVÉLÉE

Il est très important que tu saches comment m'a été révélée la restitution, bien que cela m'ait été prêchée et enseignée. Ce fut un dimanche. Ce jour-là je n'avais pas prévu me rendre à l'église, jusqu'à ce que je reçoive le coup de fil d'une proche cousine qui coupa mon sommeil en songe et m'invita à venir avec elle à l'église ce matin-là.

Ce dimanche était un jour spécial. J'étais dans le ciel en train de danser sans cesse, à bal ouvert, avec des individus et des espèces d'être vivants. Jamais de ma vie je n'ai autant dansé dans un songe. Nous étions si nombreux à danser et galvauder sans se bousculer. Car tout le monde avait assez d'espace pour se balader à ciel ouvert. L'espace sur lequel on dansait ressemblait à une très grande cour royale au sommet de la terre. Au-dessus de nous, c'était le monde à l'infini. Mais juste après la danse, dans un autre monde, terrestre, il y avait une accusation forte portée contre moi…Cela fait des lustres que je m'attache plus aux songes, rêves et visions. Mais ce qui se passa après dans le monde réel, me rappela que Dieu est vivant et qu'il avait recommencé à communier avec moi, après six mois de sécheresse spirituelle.

♣ Leçon 1 du songe : ce qui se passe quand un pécheur se repent

Quand un pécheur se repent véritablement, il y a de la joie au ciel. Souviens-toi de la parabole du fils prodige que raconta Jésus à ses disciples (Luc 15 : 11-31). Lorsque le fils perdu est revenu vers le père, il l'a accueilli à bras ouverts et a organisé le plus grand festin au point de susciter la jalousie du fils ainé. Quand votre repentance est véritable et non folklorique, il y a de la joie au ciel. Dieu lui-même descend danser avec vous dans le bal céleste. Votre corps spirituel (1 Co15 : 40) se réjouit avec Dieu et les habitants du ciel. Et si votre corps naturel est assez connecté à votre corps spirituel, vous le ressentirez d'une manière ou d'une autre. N'aie pas peur, fais le pas vers la restitution. Dieu sera ta récompense. Car : « il y aura plus de joie dans le ciel pour un seul pécheur qui se repent, que pour quatre-vingt-dix-neuf justes qui n'ont pas besoin de repentance. » (Luc 15 : 7). Le problème des chrétiens est de croire que comme ils ont reçu le baptême, et même s'ils continuent de pécher, ils seront sauvés parce qu'ils sont chrétiens. **S'ils ne sont pas suivis d'œuvres dignes de la vraie repentance, le baptême ne te sauve pas, encore moins la foi.** Lorsque le fils prodige a péché, il est retourné vers son père et changé radicalement de trajectoire, de vie, d'attitude, d'habitude. Il est resté fidèle à son père. Il ne l'a plus jamais quitté. Le péché fait de toi, un fils rebelle, un fils de satan, le « petit nain », maître de la rébellion sur terre et dans les cieux. Rentre vers le père. Répare tes torts !

♣ Leçon 2 du songe : Les songes ne sont pas que des songes

Vous ne devez pas négliger le sommeil. En réalité, les humains, les mortels et les immortels agissent différemment. Ce qu'ils appellent mort représente la vie dans l'au-delà et ce qu'ils appellent naissance dans notre vie, représente la mort dans l'autre-monde. Par exemple, le fœtus prend vie dans le ventre de sa mère tandis qu'il meurt dans la verge de son père. Ce fœtus dit adieu aux êtres qui peuplent le ventre de sa mère tandis qu'il naît dans notre monde. Ce que nous appelons « sommeil », « rêve » dans notre monde naturel ou physique représente « l'éveil », le « réel » dans le monde spirituel ou surnaturel. Faites attention à vos corps, ce que vous mangez, buvez, ce qui sort de votre bouche, ce que murmure votre cœur, ce que reflète votre pensée, les lieux que vous fréquentez. Car vos pensées, vos actions, vos réactions et vos connexions dans le monde réel, visible, ont de l'influence sur le monde invisible et vice-versa (Eccl 5 : 2). Et c'est là, la première source du rêve : votre âme représentée par votre conscience. La seconde source du rêve et des songes c'est Dieu et tous ses ouvriers. La troisième source du rêve c'est satan et son armée.

Donc à chaque fois que vous rêvez, faites attention au réveil. Je vous conseille cette simple prière : *Seigneur, merci de communier avec moi par le rêve/songe/vision ce matin/cette nuit/en ce jour, etc. Si ce rêve/songe/vision est de toi, donne-moi la grâce de l'accueillir, de l'interpréter et de m'activer à son accomplissement pour le salut des âmes concernées. Mais s'il n'est pas de toi, annule et détruis les plans de satan dans ma vie et ma destinée. Amen !* » C'est ainsi que je procède à chaque fois que je reçois un songe ou une vision de jour comme de nuit, en état d'éveil ou endormi.

Mais telle n'est pas notre préoccupation. Je veux te dire que parfois ton rêve correspond à ce qui s'est passé ou ce qui se passe dans le monde spirituel. La preuve en est que des personnes différentes rêvent parfois la même chose sur des sujets précis. D'autres rêvent des scènes différentes sur le même sujet. D'autres encore rêvent d'une partie de la même scène sur un même sujet. Pour mon cas, ce dont j'avais rêvé est réellement ce qui s'est passé dans le monde réel. Car, l'église que je visitai ce dimanche-là était à ciel ouvert, couverte par une bâche de fortune, usitée à temps partiel pour le culte. Et ce jour-là, la pluie tomba. L'assemblée, poussant des cris d'allégresse, loua, chanta et dansa le nom de Yahvé, avec toutes sortes de louanges et de cris. La seule différence entre le rêve et la réalité est que c'étaient des humains qui dansaient et chantaient. Ils le faisaient en se salissant et en se mouillant. Or dans le rêve, il n'y avait ni pluie, ni transpiration, ni saleté. Et les êtres n'étaient pas que des humains. Toute espèce vivante dansait.

♣ Leçon 3 du songe : le péché confessé non effacé

Il y a une précision que je n'ai pas faite. En quoi consistait l'accusation portée contre moi ? Une bibliothèque que je fréquentais quand j'étais au premier cycle à l'université m'accusait subitement, après avoir dansé, de leur devoir des livres. Dans le rêve, je reconnaissais avoir remis tous les trois livres qu'on me sommait de remettre sous peine de condamnation. J'avais remis les livres. Mais dans le compteur du bibliothécaire, mes dettes n'étaient pas encore effacées. Elles y étaient encore marquées. Le bibliothécaire était très furieux et moi je trouvais cela injuste. Justement, ce jour-là, dans le monde réel, la prédication portait sur la vraie repentance. Et je dois ma repentance véritable à cette prédication et son messager. Car le message que tu reçois à présent est l'un des fruits dignes de ma repentance (Mt 3 :8). Et toi, quels seront les fruits de ta repentance ? Penses-y ! Médite s'en ! **Car il y a des péchés que tu crois avoir confessés, mais qui ne sont pas effacés, parce que ceux que tu as blessés sont encore fâchés contre toi**. Certaines parmi les personnes que tu as blessées sont même déjà mortes. D'autres sont en prison à cause de toi. D'autres sont devenues infirmes, pauvres, fous/folles, abandonné(e)s à cause de toi. D'autres encore ont perdu leur réputation à cause de toi. Ce sont les péchés non effacés, pourtant confessés. **En ce moment, ton rachat ne dépend plus de toi seul et de Dieu, mais de toi, de Dieu et de la personne offensée**. La bible ne dit-elle pas : « va d'abord te réconcilier avec ton frère » ? (Mt 5 : 24). Jésus va plus loin et se montre rigoureux : « Tout homme qui se met en colère contre son frère devra passer en jugement » (Mt 5 : 22)

Une autre image tirée de cette expérience du songe illustre l'état du pécheur-débiteur. Imagine-toi être invité à un banquet. Le banquet exige un apparat de convenance. Étant donné que par le baptême et ta foi, tu prends part au banquet, tes œuvres te trahissent. Tu manges, tu bois et tu danses, mais le maître du banquet te localise à distance. Quel est ce fou/cette folle, ce bouffon/cette bouffonne qui s'assied avec mes convives ? **Le péché mal confessé, partiellement confessé ou confessé faussement, malgré ta foi et ton baptême, te rend localisable à distance**. Or, toi, par ton aveuglement, tu sais que tu as mis un beau vêtement et qu'il est propre. Pourtant, il n'est ni convenable ni agréable aux yeux du maître du banquet, de même qu'aux yeux de toutes les convives revêtues d'un apparat de sainteté. Ton vêtement te rend disgracieux. Tu ne respectes pas les normes du protocole. L'odeur et les bruits de tes torts non reconnus, mal confessés, non abandonnés et non réparés te trahissent. À la fin du banquet, même si tu prends part au dîner (église), tu seras expulsé hors du palais royal comme l'a rappelé Jésus, MISE EN GARDE, aux scribes et aux pharisiens qui connaissaient la loi, mais ne la pratiquaient pas fidèlement. Tu es un(e) chrétien(ne) ? Certes, tu n'es sauvé(e) ni par la loi, ni par les œuvres, mais par la grâce opérante en la foi. Toutefois, quiconque méprise la loi et vit dans l'iniquité ; même s'il a accepté Jésus-Christ comme son Seigneur et Sauveur, il sera expulsé au jugement dernier du royaume des cieux (Jn 8 : 34-35).

Il y a des péchés que vous ne pourriez jamais considérer comme péché, tant que Dieu, Jésus ou le Saint-Esprit ne vous en fait pas la révélation. Priez donc l'Éternel Dieu notre Seigneur afin qu'il vous révèle votre véritable nature, l'état des lieux de votre statut dans la cour des cieux. Car vous serez jugés de tous vos péchés, les plus signifiants aux plus insignifiants. C'est à ce niveau que la restitution vous épargne de bien de désagréables surprises. Vous devez absolument tout reconstituer, tout rendre et tout dévoiler. Justement, dans le songe, je trouvais l'accusation du bibliothécaire sévère, voire injuste, car je n'avais plus les livres en ma possession. Je les avais remis. Mais son compteur marquait « dette ». **Tu as certainement des dettes à restituer au Royaume, des cœurs blessés à panser, des mensonges et des escroqueries à avouer, des objets diaboliques à détruire, de faux papiers et de fausses pratiques auxquelles tu dois ouvertement renoncer, etc**. Es-tu prêt(e) à faire ce pas avec le Saint-Esprit ? Prends du temps. Médite sur ton engagement. Il n'y aura plus de chemin retour qui vaille…

As-tu fini ? que te dit le Saint-Esprit ? Veux-tu te réconcilier avec Dieu pour communier avec Lui ? Prends courage et franchis l'avant-dernière étape. Si tu ne sais comment restituer, les parties qui suivent t'y aideront.

2. À QUI RESTITUER ?

La restitution véritable à quatre destinataires : le Royaume (Dieu), ton prochain, l'Eglise, toi-même.

Restituer à Dieu

Dieu n'a pas besoin de tes sacrifices. Quand ton cœur n'est pas pur, tes louanges sont comme des encens maléfiques qui empestent le ciel et perturbent la sérénité du père. **Tout péché contre l'homme est un péché contre Dieu-Fils. Tout péché contre ton corps est un péché contre Dieu-Saint-Esprit. Tout péché contre l'Église est un péché contre Dieu-Père**. Il faut donc tout restituer. Remets tes péchés à Jésus. Les as-tu rédigés ? Es-tu prêt(e) à rencontrer ton accompagnateur spirituel (pasteur, prêtre, moine, faiseur de disciple, ainé(e) dans la foi, etc.) avec ce lot de péchés ? Car ce n'est pas à Lui que tu restitues, mais à Dieu. Cependant, avant de le rencontrer, rassure-toi que Dieu t'a pardonné(e), que tu as passé l'étape de l'abandon radical et total du péché sous toutes ses formes. Va ! Va prier ! Agenouille-toi si tu veux. Pleure et gémis si tu veux. Couche-toi, enroule-toi et fais le deuil si tu veux ! Jeûne si tu veux ! Remets spirituellement tes péchés à Dieu ! Puis, offre-les physiquement à ton accompagnateur spirituel. Donne-lui du temps pour les scruter, puis vous en discuterez point par point et il priera avec toi. Tout ce qu'il déliera dans ta vie par cette confession sera délié dans les cieux.

Restituer à ton prochain (exercice 4)

Pendant que ton accompagnateur spirituel prend acte de tes péchés, et bien avant-même, il faut entamer la restitution de l'offense faite à ton prochain. Voici ce que tu dois faire (INSTRUCTION) :

1. Relis tes péchés rédigés.
2. Recense le nombre de personnes que tu as offensées (chiffre et noms)
3. Recherche leur contact (téléphone, Facebook, WhatsApp, proches, etc.)
4. Appelle-les/Ecris-leur/Envoie leur des messages et (si possible), rencontre les pour leur demander pardon
5. Précise exactement le péché commis, reconnais-le. Demande leur pardon

6. Parle leur de ta rencontre avec Christ et invite-le/la à suivre Christ.

7. Si tu as des objets d'eux (fornication, escroquerie, vol, cadeau…) issus de ton péché en ta possession, remets-les-leur.

8. Bénis le/la et séparez-vous !

<u>NB1</u> : Il faut aller personne par personne. C'est une démarche longue et pénible. Elle vous fera pleurer. Mais il y aura des réjouissances dans le ciel.

<u>NB2</u> : Si la personne à qui tu dois restituer (argent, biens, dire la vérité, etc.) n'est plus de ce monde, totalise tout ce que tu as, tout ce que tu dois et remets-le à l'église ou alors, fais de la charité.

<u>NB3</u> : S'il s'agit de la fornication/adultère, ne va pas rencontrer ton copain ou ta copine seul(e). Va avec ton accompagnateur spirituel, ou un membre de l'église, et sépare-toi de lui (elle). Après la séparation, tu devras prier pour lui/elle. Pas de dernier câlin, pas de dernière caresse, pas de dernier baiser. Si vous êtes faits l'un pour l'autre, pendant ton cheminement avec Christ, Dieu te le révèlera.

Restituer à l'église

Il y a deux sortes de restitution à faire à l'Église. La première restitution concerne les personnes que vous avez offensées et qui ne sont plus de ce monde. Ça peut être les enfants avortés, les personnes assassinées, les âmes qui sont mortes en prison à cause de vous, celles qui sont mortes par accident ou même par sorcellerie à cause de vous, etc. C'est l'église, pas même votre accompagnateur, qui vous aidera à effacer cette dette dans le ciel. C'est pour cette raison qu'une personne qui s'est véritablement repentie ne peut pas vivre en dehors d'une communauté chrétienne. C'est à ce moment que son engagement auprès d'une communauté porte des fruits et intervient comme une barrière communautaire inébranlable quand satan essayera de s'attaquer, en retour, à son âme. Certains saints hommes qui ont connu le pardon de Dieu ont consacré toute leur vie à mettre leur talent (menuisiers, maçons, architectes, chanteurs, peintres, écrivains, scientifiques etc.) et leur richesse (hommes d'affaire, politiciens, propriétaires terriens, etc.) au service de l'Église. C'est l'un des fruits de la véritable repentance.

La seconde restitution à l'église concerne la dîme. La dîme ou décime est une bénédiction pour votre vie terrestre. Il existe une pléthore de dîmes dans la bible : la dîme aux hommes consacrés à/par Dieu (Nb 18 : 28), la dîme des festivités (Dt 12 : 10-18), la dîme aux pauvres (Dt 14 : 28-29 ; Dt 26 : 12), la dîme de la dîme (Nb 18 : 28), etc. Commencez par restituer à votre église ce que vous lui devez. Comptabilisez combien vous dépensiez ou gagniez par an depuis votre naissance et préparez-vous à le restituer via de l'argent, des services ou des offrandes après votre engagement à la restitution.

La restitution dont il s'agit ici concerne ce passage du Pentateuque.

> « **Toute dîme de la terre**, soit des récoltes de la terre, soit du fruit des arbres, **appartient à l'Éternel** ; c'est une chose consacrée à l'Éternel. Si quelqu'un veut racheter quelque chose de sa dîme, il y ajoutera un cinquième. Toute dîme de gros et de menu bétail, de tout ce qui passe sous la houlette, sera une dîme consacrée à l'Éternel. On n'examinera point si l'animal est bon ou mauvais, et l'on ne fera point d'échange ; si l'on remplace un animal par un autre, ils seront l'un et l'autre chose sainte, et ne pourront être rachetés ». (Lv 27 : 30-33)

La dîme est le décime de l'œuvre de vos mains que vous offrez à Dieu pour la Grande Œuvre : l'Église. Ce décime (10%) peut se compter par mois ou par an. La véritable dîme n'est pas financière. Mais l'argent peut remplacer votre offrande, si vous trouvez pénible d'apporter votre offrande au sacrificateur (prêtre, pasteur, prophète en charge d'une église ou d'un ministère dans le temps contemporain).

Même si elle relève de la loi, de l'Ancien Testament et que par Christ toute chose est rendue nouvelle, la dîme est biblique. Mais d'aucuns ajouteraient : « Christ lui-même a-t-il été fidèle à sa dîme ? A-t-il un jour payé la dîme ? ». Le Seigneur Jésus lui-même le dit. Il n'est pas venu pour abolir la loi, mais pour l'accomplir. (Mt 5 : 17). Jésus était-il dans l'incapacité de payer sa dîme ? S'il ne l'a pas payé, pourquoi ne l'a-t-il pas fait ? À qui Jésus devait-il payer les la dîme, alors qu'il est Dieu et que son Père ne se nourrit point des choses périssables mais de la volonté humaine ? Toutefois, Jésus payait les impôts. Il a rendu à César ce qui est à César. Les apôtres dans la nouvelle alliance recevaient dîmes, offrandes et surtout action de grâces. Mieux, c'était leur droit selon Galates 6 : 6.

La dîme ne te sauvera pas. Mais Jésus a demandé à tous ses disciples d'observer la loi. S'il paie ses impôts, s'il se soumet à la loi des hommes, à combien plus forte raison celle de Dieu ? Qui es-tu donc pour oser ne pas respecter la loi de Dieu ? La dîme fait partie de l'offrande continuelle. Car dans la bible (Nb 28), il existe deux types d'offrandes : l'offrande continuelle et l'offrande ponctuelle. « C'est ce que l'Éternel ordonne aux enfants d'Israël de leur donner depuis le jour de leur onction ; ce sera une loi perpétuelle parmi leurs descendants » (Lv 7, 37). Ainsi, si ton église te réclame ta dîme et que tu n'as pas été fidèle à cette offrande continuelle, c'est un vol contre Dieu. Il faut la comptabiliser et la restituer, car tu es débiteur/débitrice envers ton église.

Le bien-fondé de la dîme est d'offrir à Dieu les prémices de toute chose (Dt 18 : 4-5), lui accordant la première place dans tout ce que nous entreprenons. La mise en application de la dîme, voire de l'offrande, est une libération pour tes finances, une base solide pour ta prospérité matérielle et financière ici-bas en Dieu. La plupart des chrétiens qui souffrent de pauvreté ou de misère n'ont pas découvert les mystères de l'offrande. Plusieurs personnages dans la bible, et plusieurs hommes chrétiens, les non croyants parfois, ont été bénis parce qu'ils avaient fait de l'offrande leur soupe quotidienne. « Honore l'Éternel avec tes biens, et les prémices de tout ton revenu : alors tes greniers seront remplis d'abondance, et tes œuvres regorgeront de moût. » (Pv 3 : 9-10).

Moi-même j'ai une dette de dîme avec mon église et les communautés que j'ai visitées par le passé. Elle s'élève au million prêt. Certains seront en deçà, d'autres seront largement au-dessus. Restituez-la ! Vous témoignerez des miracles financiers et des faveurs dans votre vie et dans la vie de vos enfants.

Restituer à soi-même !

La restitution à soi-même est premièrement « reconstitution », puis « pardon de soi »

➢ La reconstitution de soi

Rentrez dans votre passé. Evaluez votre parcours. Recoupez les faits. Identifiez tous les endroits où vous êtes tombés, pourquoi vous êtes tombés et quels ont été les impacts négatifs sur votre vie réelle. Puis remontez à la source, vos origines, vos liens généalogiques, vos ancêtres sur quatre générations. Qui sont-ils ? Quels sont les péchés qu'ils auraient commis ? Parmi ces péchés, quels sont ceux que Dieu ou les hommes leur reprocheraient ? Mettez-vos genoux à terre et commencez à intercéder pour votre lignée, vos parents, vos frères et sœurs, toute votre famille. Ainsi, par ce fruit, vous reconstituez les tissus fissurés de votre arbre généalogique et de votre famille.

➢ Le pardon à soi-même

Pardonner à soi-même, à son âme, libère ! Plusieurs chrétiens n'opèrent pas avec succès dans le monde spirituel parce qu'ils transportent avec eux une blessure, voire plusieurs blessures sur leur corps spirituel. Après avoir accepté d'offrir le pardon, il faut demander pardon à ton corps spirituel pour l'avoir souillé. Car ce corps, qu'il soit naturel ou spirituel, ne t'appartient pas. Ton corps physique est le temple du Saint-Esprit et ton corps spirituel est un citoyen de l'Église. Certaines blessures proviennent du fait que vous ne vous êtes jamais pardonné(e) à vous-mêmes. Alors, si l'on t'offre le pardon gratuitement, si l'on t'a également pardonné(e), n'oublie pas de te pardonner à toi-même. Surtout si tu fais partie de ceux/celles qui, par le passé, ont refusé de pardonner à des tiers.

Le pardon est une affaire de cœur, de vérité et de sincérité. Tu peux pardonner à quelqu'un du bout des lèvres sans lui pardonner dans ton cœur. C'est un pardon partiel. Libère-toi et pardonne véritablement, même si ça te fait mal. Oublie la vengeance ! À Dieu le jugement. Bénis celui ou celle qui t'a offensé(e), prie pour son bonheur et son salut. Sinon, c'est une porte que tu laisses entre-ouverte au diable pour te tourmenter. Il faut réparer ce tort que tu as causé pendant des jours, des semaines, des mois ou des années à tes corps. Offre le pardon, reçois la paix !

CHAPITRE 5 : L'ART DE REMBOURSER

Logiquement, ce chapitre est incorporé dans celui sur la réparation dont il est la suite. Nous avons vu que la restitution ou réparation implique une double action : reconstituer et rendre. Toute réparation aboutie porte pour fruit la restauration. L'on peut être restauré par Dieu (restauration divine). L'on peut être restauré par son prochain (restauration interpersonnelle). L'on peut être restauré par le groupe auquel l'on appartient (restauration communautaire). Cela touche tous les degrés de la restitution : restituer à Dieu (1), restituer à son prochain (2), restituer à l'église (3), restituer à soi-même (4). Nous avons également vu comment la restitution nous a été révélée. Dans cette articulation, nous découvrirons comment la restitution a été révélée à des personnages bibliques et jusqu'où s'étend les domaines de la restitution.

1. TOUT RECONSTITUER, TOUT RENDRE !

Dans la bible, plusieurs cas de réparation sont identifiables. Nous nous limiterons à deux cas. Le premier dans le Nouveau Testament et le second, dans l'Ancien Testament.

1. La réparation de Zachée

La bible nous présente un très grand modèle de restitution : Zachée.

> Jésus était entré dans Jéricho et traversait la ville. Or, il y avait là un homme du nom de Zachée, un homme fort riche qui était chef des collecteurs de l'impôt. Il voulait absolument voir qui était Jésus, mais il ne le pouvait pas, car il était de petite taille et il y avait beaucoup de monde. Il courut donc en avant, là où il devait passer, et il monta sur un sycomore afin de le voir. Quand Jésus arriva à cet endroit, il leva les yeux et lui dit : "Zachée, dépêche-toi de descendre, car c'est chez toi que je dois m'arrêter aujourd'hui." Zachée aussitôt s'empressa de descendre, et c'est avec grande joie qu'il le reçut. Voyant cela, tous murmuraient et l'on disait : "Il s'est arrêté chez un pécheur de bonne condition !" Mais Zachée faisait le pas et disait au Seigneur : "Je vais donner aux pauvres la moitié de mes biens, Seigneur, et si j'ai extorqué quelque chose à quelqu'un, je vais rendre quatre fois plus." Jésus dit alors, pensant à lui : "Aujourd'hui le salut est entré dans cette maison ; n'est-il pas lui aussi fils d'Abraham ? Le Fils de l'Homme est venu chercher et sauver ce qui était perdu." (Lc 19 : 1-10).

Zachée, haut fonctionnaire, homme riche, n'a pas trainé pour aller communier avec Jésus. Qui es-tu toi, pour refuser l'invitation de Jésus à la repentance véritable ? Ne traine pas pour aller communier avec Dieu. La bible dit « aussitôt Zachée s'empressa de descendre. » (Lc 19 : 6). Ne renvoie pas ton salut à demain. C'est maintenant. Descends de ton sycomore ! Laisse tomber ton orgueil, ta honte, tes honneurs et rabaisse-toi ! Prépare une place pour le salut dans ton cœur, dans ta maison, dans ton foyer, dans ton couple, dans tes affaires. Le Seigneur te visitera personnellement. Si Zachée, païen, l'a fait, pourquoi pas toi, croyant ? Aussitôt que Zachée a écouté le message de repentance de Jésus, le même que tu écoutes à présent, il a fait un pas vers Jésus. Il a pris un engagement radical et total : « Seigneur, et si j'ai extorqué quelque chose à quelqu'un, je vais rendre quatre fois plus. ». Et toi quel est ton engagement de repentance ?

Zachée ne s'est pas limité à dire « Seigneur, pardonne-moi j'ai péché ». Il a pris conscience de la douleur du mal causé à son prochain. En tant que haut fonctionnaire et homme très riche, il devrait vivre de pots-de-vin, devrait être impliqué dans le trafic de faux papiers, de faux documents, devrait être très orgueilleux puisque très influent, etc. Zachée, qui était un païen, a restitué à son prochain : c'est la restitution à autrui. Mais toi, qui as reçu le baptême et vit dans le péché ; tu dois tout avouer, tout reconstituer, tout rendre.

Un autre point culminant se dégage de la conversion de Zachée : « si j'ai extorqué quelque chose à quelqu'un… » (Lc 19 : 8). Cela implique la reconstitution des faits dans ta vie. Qu'est-ce qui s'est passé ? Qui sont ceux ou celles que tu as offensé(e)s ? Qui sont ceux ou celles que tu as blessé(e)s ? Qui sont ceux ou celles que tu as trahi(e)s. Zachée était probablement un homme corrompu. La corruption est un vol organisé, un mensonge bien emballé. Et toi quelle est ton iniquité ? Tu as menti pour de l'argent ? Tu as séduit pour de l'argent ? Tu as menti pour des honneurs ? Tu as volé pour satisfaire tes désirs ? Tu as mis la main dans un porte-monnaie, dans un sac, dans une caisse qui ne t'appartenait pas, pourtant tu crois en Dieu ? Tu as porté de faux jugements contre ton prochain en famille, au quartier, au travail, au tribunal, etc. ? Tu as porté de faux jugements contre ton meilleur ami ou ta meilleure amie par jalousie ? Tu as porté de faux jugements contre ton ennemi ? Tu as trahi un proche ou un ami ? Il faut tout reconstituer, tout rendre. Ceci concerne le vol et le mensonge. Qu'en est-il de tes autres péchés ? Si tu as été idolâtre ? Si tu as été adultère ? Si tu as été orgueilleux, outrageux ? La liste est longue. Reconstitue les faits, recense le nombre de personnes, va vers eux ! Avoue tes forfaits, demande pardon, rembourse, remets, soigne, répare, etc.

2. **La réparation de Manassé**

Certains cas de réparation concernent le prochain, mais d'autres cas de réparation concernent directement Dieu. À cet effet, tu dois être plus rigoureux avec toi-même qu'avec ton prochain. Nous traiterons essentiellement de l'idolâtrie, qui est un adultère contre Christ, dont tout véritable chrétien est l'épouse.

*Manassé avait douze ans lorsqu'il devint roi, et il régna cinquante-cinq ans à Jérusalem. Il fit ce qui est mal aux yeux de l'Eternel, selon les abominations des nations que l'Eternel avait chassées devant les enfants d'Israël. Il rebâtit les hauts lieux qu'Ezéchias, son père, avait renversés ; il éleva des autels aux Baals, il fit des idoles d'Astarté, et **<u>il se prosterna devant toute l'armée des cieux et la servit</u>**. Il bâtit des autels dans la maison de l'Eternel, quoique l'Eternel eût dit : C'est dans Jérusalem que sera mon nom à perpétuité. Il bâtit des autels à toute l'armée des cieux dans les deux parvis de la maison de l'Eternel. Il fit passer ses fils par le feu dans la vallée des fils de Hinnom ; il observait les nuages et les serpents pour en tirer des pronostics, il s'adonnait à la magie, et il établit des gens qui évoquaient les esprits et qui prédisaient l'avenir. Il fit de plus en plus ce qui est mal aux yeux de l'Eternel, afin de l'irriter. Il plaça l'image taillée de l'idole qu'il avait faite dans la maison de Dieu, dans laquelle Dieu avait dit à David et à Salomon, son fils : C'est dans cette maison, et c'est dans Jérusalem que j'ai choisie parmi toutes les tribus d'Israël, que je veux toujours placer mon nom. Je ne ferai plus sortir Israël du pays que j'ai destiné à ses pères ; pourvu qu'ils prennent soin de mettre en pratique tout ce que je leur ai commandé, selon toute la loi, les préceptes et les ordonnances prescrits par Moïse. Mais Manassé fut à l'origine de l'égarement de Juda et des habitants de Jérusalem. Ils firent plus de mal que les nations que l'Eternel avait détruites devant les enfants d'Israël.*

L'Eternel parla à Manassé et à son peuple, et ils n'y firent point attention. Alors l'Eternel fit venir contre eux les chefs de l'armée du roi d'Assyrie, qui saisirent Manassé et le mirent dans les fers ; ils le lièrent avec des chaînes d'airain, et le menèrent à Babylone. Lorsqu'il fut dans la détresse, il implora l'Eternel, son Dieu, et il s'humilia profondément devant le Dieu de ses pères. Il lui adressa ses prières ; et l'Eternel, se laissant fléchir, exauça ses supplications, et le ramena à Jérusalem dans son royaume. Et Manassé reconnut que l'Eternel est Dieu. Après cela, il bâtit en dehors de la ville de David, à l'occident, vers Guihon dans la vallée, un mur qui se prolongeait jusqu'à la porte des poissons et dont il entoura la colline, et il l'éleva à une grande hauteur ; il mit aussi des chefs militaires dans toutes les villes fortes de Juda. ***Il fit disparaître de la maison de l'Eternel les dieux étrangers et l'idole, et il renversa tous les autels qu'il avait bâtis sur la montagne de la maison de l'Eternel et à Jérusalem ; et il les jeta hors de la ville. Il rétablit l'autel de l'Eternel et y offrit des sacrifices d'actions de grâces et de reconnaissance***, *et il ordonna à Juda de servir l'Eternel, le Dieu d'Israël. Le peuple sacrifiait bien encore sur les hauts lieux, mais seulement à l'Eternel, son Dieu.* (2 Chro 33 : 1-17)

Manassé, descendant de Salomon, a abandonné sa communion avec Dieu pour la diluer dans les traditions, les rites, rituels et même le mysticisme. Il a été idolâtré. Par cet acte, il perdit son héritage et sa puissance. Mais en réparant tout ce qu'il avait détruit spirituellement, il retrouva la communion avec Dieu, et Dieu le rétablit sur le trône. C'est ce qui arrive quand on cesse de communier avec Dieu pour devenir un religieux. Pire, pour ceux qui sont impliqués pieds et mains liés dans les traditions. Ils deviennent l'esclave de l'esclave : satan.

Qu'on ne te trompe pas. On ne peut pas être chrétien et être soumis aux traditions. Christ est au-dessus de la tradition. Tout ce qui n'honore pas Christ dans la tradition doit être coupé et jeté dans les flammes. Ainsi, ce qui restera de la tradition, c'est cela qui sera ta véritable tradition. Malgré cela, la tradition ne doit en aucun cas être un frein dans ta marche vers Christ. Toute tradition qui t'éloigne de Dieu et de ses commandements est diabolique. Vaut mieux ne pas s'en approcher. Bien plus, certaines traditions, culturelles ou religieuses, à l'allure inoffensive, sont de véritables toxines, qui à la longue vous coupent de l'ADN du Christ. À l'époque de Jésus, le problème était déjà soulevé :

Voici donc les Pharisiens et les maîtres de la Loi qui l'interrogent : "Pourquoi tes disciples ne suivent-ils pas la tradition des anciens ? Tu vois qu'ils mangent le pain avec des mains impures." Jésus leur répond : "Comédiens ! Isaïe a joliment bien parlé de vous quand il a écrit : *Ce peuple m'honore des lèvres, mais son cœur est loin de moi. Leur culte ne vaut rien et les préceptes qu'ils enseignent ne sont que des lois humaines.* Vous négligez le commandement de Dieu pour maintenir les traditions humaines !" Jésus reprit : "Comme vous savez rejeter le commandement de Dieu pour ne pas lâcher votre propre tradition ! (Mc 7 : 5-9).

Tous ceux qui placent la tradition ou la religion au-dessus la communion ou de l'intimité avec Dieu sont de véritables comédiens. C'est une comédie qui s'achève toujours par une tragédie. La plupart des « chrétiens » qui vont à l'église et qui continuent d'effectuer les rites traditionnels ou se rendent chez les marabouts, souffrent le plus des esprits familiers et de possessions démoniaques.

On ne peut pas être chrétien et pratiquer la magie-noire. On ne peut pas être chrétien et pratiquer la magie blanche. On ne peut pas être chrétien et consulter les marabouts, les féticheurs ou les guérisseurs. C'est une fausse doctrine qui fait de vous des occultistes actifs ou passifs. Mais tout chrétien porte en lui une culture et une tradition qu'il doit honorer tant qu'elle n'offense pas Dieu. La culture peut être saine. Mais la tradition, au sens brut du terme, n'est jamais saine. Elle est un acte de soumission à des esprits ou de serviteurs des esprits. Il peut s'agir des esprits familiers ou territoriaux. Derrière toute tradition, surtout celles accompagnées d'un rite, d'un rituel, d'un vœu, d'un sacrifice, il y a des esprits qui ne sont pas de Dieu. Quand tu rencontreras Celui qui est parfait, Jésus, Il te permettra de faire la part entre le culturel de la tradition et le cultuel de la tradition. Ceci n'est pas un appel à renier sa culture ou sa tradition. Car c'est Dieu qui t'a fait naître dans ce lieu. **Cependant, débarrasse-toi de tout ce qui dans ta tradition ou dans ta culture n'honore pas Dieu**. Sans cela, tu demeureras toujours un esclave, mais jamais un fils du Royaume. Car seuls les fils communient avec Dieu.

Lorsque dans une église, les leaders sont réfractaires à l'action du Saint-Esprit, lorsque la foi se limite à la loi, par conséquent devient religion, **la tradition religieuse constitue le premier obstacle à la communion véritable du chrétien avec Dieu**. Parlez-moi d'un chrétien qui a vécu selon la loi, sans l'Esprit de Vérité et de Feu, et je vous dirai que c'est un extra-terrestre. Ce genre de chrétiens n'existe pas. Le baptême du Saint-Esprit qui vous qualifie pour la restitution, vous place au-dessus de la loi. Vous ne vivez plus selon la loi, mais par l'Esprit de Vérité qui vous lave, vous sanctifie et vous justifie. Vous devenez des saints sur la terre et au ciel. Or, le respect scrupuleux de la loi ne fait pas de vous un homme ou une femme saint (e) ou pur(e), mais un Homme droit, moral ou juste. Or, la tradition vous rétrograde. Elle ne fait de vous ni un homme saint ni un homme droit. C'est pour cette raison que Jésus reprend à son compte les Pharisiens, défenseurs de la loi et des traditions religieuses.

> "Pourquoi tes disciples transgressent-ils la tradition des anciens ? […] Alors Jésus leur dit : "Et vous, pourquoi transgressez-vous le commandement de Dieu au nom de votre tradition ? » (Mt 7 : 8-9)

Es-tu prêt(e) à découdre avec la tradition et la religion, qu'elle soit culturelle ou religieuse ? Tu dois donc tout reconstituer : quels sont les rituels auxquels tu as déjà pris part ? Quels sont les marabouts chez qui tu es déjà parti ? Quels sont les gris-gris que tu as avec toi, etc. ? Il faut reconstituer et tout brûler. Cette fois-ci, pour y parvenir, tu auras besoin d'un accompagnateur (on le verra dans la section 5). Seul(e), tu n'y parviendras pas. Tout bébé, on t'a consacré à l'esprit des eaux, à l'esprit de la montagne ou à toutes formes d'esprit ? Tu es chrétien(ne), baptisé(e) dans une église, mais pour te concevoir ta mère, ton père est allé(e) chez un marabout ? Renseigne-toi ! Creuse dans ton arbre généalogique. Tu dois tout reconstituer. Tu dois savoir d'où tu viens ? Qui étaient tes parents, tes grands-parents, tes arrière-grands-parents, tes arrières-arrières-grands-parents, leur métier, leur rôle dans le village/la ville, leurs pratiques culturelles et religieuses, s'ils en avaient. Tu dois reconstituer tout cela et les avouer à ton Créateur, puis renverser tous les autels, au sens propre et au sens figuré, qu'ils ont bâtis. Tes ancêtres peuvent avoir été des criminels, des sorciers, de grands marabouts, etc. Ils auraient fait beaucoup de torts à des âmes innocentes. Et le sang ou les larmes de ces âmes pèseraient sur toi, fils/fille, petit (e)-fils/fille, arrière-petit (e)-fils/fille de…La malédiction touche quatre générations.

S'il y a un péché qu'il faut fuir plus que la mort, c'est le péché de l'idolâtrie. C'est un péché contre sa semence. Car, ce que l'on fait avec les esprits a directement des conséquences sur notre descendance. En même temps, c'est un adultère contre Dieu. Par ce péché, nous renions la filiation et la paternité de Dieu pour nous consacrer à satan. Voilà pourquoi, il peut arriver que dans le ventre des jeunes filles ou des femmes sortent toutes sortes d'animal, d'insecte ou d'être informe. Certains de tes camarades sont des esprits, c'est-à-dire des garçons ou des filles directement consacrés aux esprits des eaux, des animaux (totem), de l'air ou de la montagne.

Un enfant consacré a besoin de délivrance. Même s'il reçoit le baptême d'eau, il ne communiera jamais avec Dieu parce qu'il est une « prostituée » spirituelle. Ta réparation, cette fois-ci, ta propre reconstitution passera par une délivrance. La délivrance sous-entend le brisement de tout lien spirituel avec les esprits, ce que d'aucuns appelleraient cure d'âme. Ceci concerne à la fois les occultistes actifs et passifs. Tu es chrétien(ne) et tu as pris part à une session exotérique (Franc-maçonnerie, Rose-croix, etc.) sans t'engager ou pratiquer, tu as rendu visite aux marabouts, tu as demandé qu'on consulte un devin en ton nom, tu sais et permets que les devins consultent l'avenir pour toi sans l'interdire, etc. ? Alors, tu es un occultiste passif. Tu es chrétien et pratique le culte des crânes, tu es un occultiste actif. Tu es chrétien et tu es allé chez les marabouts chercher l'écorce de protection, le fétiche pour protéger ton commerce et avoir la prospérité financière…tu es un occultiste passif et actif. Tu es chrétienne et à la fois « colombe » dans la Rose-Croix, tu es une occultiste active. Tu es chrétien(ne) et ton père ou ta mère est rosicrucien(ne), franc-maçonne et toi pas du tout ? Tu es un(e) occultiste passif. Pire, par le vœu, les liens, les pratiques et les sacrifices de tes parents, tu es consacré(e). Certains grands mystiques, avant même de s'unir à leur partenaire pour procréer consacrent leurs enfants qui sont encore des spermatozoïdes. Ils calculent la période, le mois, le jour de l'accouplement, le positionnement de la lune et le déplacement des étoiles. Même ton nom peut avoir un lien avec le mystique. Il est regrettable que certains humains ne connaissent pas la signification de leur nom ni le contexte dans lequel leur nom leur a été donné.

Nous aurons l'opportunité dans une autre série de parler en profondeur de l'idolâtrie et ses ravages dans toutes les communautés chrétiennes. Manassé avait compris le poids de son iniquité, bien que son père, Ezéchias, fût resté fidèle à Dieu. Il se releva, détruisit tout ce qui était mauvais, et (re)-bâtit à l'endroit des lieux consacrés à Satan, des lieux qui plairaient à Dieu. **Le péché fait de toi un Manassé. Si tu as détruit des cœurs, il faut les relever. Là où tu as élevé le mal, ce mal doit premièrement être détruit, puis au même endroit où tu as bâti le mal, construit le bien**. Cela est un parfum de bonne odeur pour Dieu. C'est l'une des raisons principales pour lesquelles tes prières ne sont pas exaucées.

2. JUSQU'OÙ RÉPARER ?

L'on se demande parfois jusqu'où va la réparation ou la restitution. Pour ce faire, comme nous le verrons dans la section sur la soumission, tu dois absolument être suivi(e) par un accompagnateur spirituel. Sinon, tu risqueras de mal réparer, de ne pas bien réparer ou d'échouer la réparation. Par la suite, tu auras une sensation de fausse paix. C'est le fruit d'une fausse conversion, d'un faux repentir. C'est une hypocrisie qui débouchera sur une absence évidente de la manifestation de la puissance de Dieu.

Nombreux sont les chrétiens hypocrites qui sont à l'église, mais vivent sans Dieu. Ils ont l'église, la chapelle, une communauté chrétienne, mais n'ont pas Dieu. Ce sont des tombeaux blanchis. Ils paraissent, brillent, mais sont de véritables pourritures de l'intérieur. Ils promettent à Dieu et aux hommes, mais ne respectent pas leur vœu. Ils sont engagés dans les mouvements, servent des prêtres ou des pasteurs, mais en même temps vivent dans le péché de la corruption, du détournement des fonds [vol], de la fornication, de l'adultère, de la luxure, de l'avarice, de l'orgueil ou de l'idolâtrie, etc. Voici quelques domaines de la restitution. Cela va bien au-delà des 10 commandements.

L'argent volé. Tout argent volé ou détourné à l'église, au travail, en famille doit être restitué. Si possible, restitue doublement. Tu es un patron, une patronne, tes employés ont travaillé et tu ne les as pas payés ? Tu es un voleur, une voleuse. Tôt ou tard, tes forfaits te rattraperont. Ta chute financière sera liée à tous ces vides que tu as créés dans ta vie professionnelle, et ces trous financiers que tu as créés dans la vie de tes employés ou associés. Car celui qui sème récolte.

L'endettement. Tu as emprunté de l'argent que tu n'as jamais remboursé ? Il faut tout rembourser, si possible avec des intérêts. Tu dois à quelqu'un, tu as de l'argent dans ton compte bancaire, mais tu estimes que tu n'as pas assez amassé pour lui rembourser ce que tu lui dois ? Tu es un voleur, une voleuse. Paie ta dette !

La corruption. Tu as bénéficié d'un pot de vin, de l'argent ou des avancements en échange d'une « faveur » ou d'un « service » qui déplait à Dieu ? Il faut restituer tout ce que t'as reçu. Tu as offert de l'argent ou tu as usé de ta position sociale, familiale pour obtenir un poste, un marché, une faveur ? Il faut démissionner ou abandonner cette œuvre. N'accepte pas de pourboire !

L'avarice. Tu as un amour démesuré pour la nourriture et les biens. Sépare-toi du superflue ! Donne aux pauvres et aux nécessiteux tout ce qui est un surplus dans ta vie. Et si tu ne veux donner aux pauvres, n'emmagasine pas. Utilise-le pour l'œuvre du Royaume. Ils sont nombreux les prêtres, moines et pasteurs qui attendent des dons ; des ministères qui comptent sur des dons pour répandre l'Évangile.

L'abus de pouvoir ou d'office. Tu as usé de ta position de leadership pour exploiter, influencer injustement, abuser, dominer, écraser…au lieu de servir, d'encadrer ou de superviser ? Tu es un homme injuste, violent et manipulateur. Il faut demander pardon à ceux et celles que tu as blessés dans ton lieu de service ou même en famille. Oui, même en famille le frère aîné peut abuser de la confiance de ses frères cadets du fait de son statut ; et le mari, abuser de son pouvoir sur sa femme. La femme te doit soumission, mais elle n'est pas ton esclave. Elle est ta moitié.

Fausse information. Tu déclares des effectifs que ton entreprise, ton établissement n'a pas ? Tu déclares un faux chiffre d'affaires aux impôts ? Tu donnes de fausses informations sur ton âge, ton origine, ta famille, ton lieu d'habitation pour en tirer un profit social, politique ou financier ? Tu es un faussaire et un potentiel voleur. Tu dois avouer ton forfait et te repentir. Donne la vraie information. Déclare les vrais chiffres.

À la boutique/Au marché. Tu continues ou tu as eu à voler des articles dans les boutiques, au quartier, au marché ? Ça peut être des mèches, des chaussures, des vêtements, du pain, des ustensiles, etc. Identifie les comptoirs au marché où tu te souviens avoir déjà volé et va restituer. Identifie les boutiques, les boulangeries, les supermarchés où tu as déjà volé et va restituer. Si le commerçant, le boutiquier ou le boulanger est déjà mort, donne à ses enfants. Si possible, fais comme Zachée. Si la boutique n'existe plus, offre l'équivalent financier aux démunis, à une église ou à un serviteur de Dieu et explique pourquoi afin qu'il prie pour toi.

La fausse impression. Tu joues au grand alors que tu es un petit. Tu joues au gentil alors que tu es un méchant. Tu joues au riche alors que tu es pauvre. Tu joues au pauvre alors que tu es riche. Tu es un malhonnête ! Satan est le père de la malhonnêteté. L'argent que tu veux garder pour toi, partage-le avec ceux qui sont dans le besoin. Ta gentillesse est une fausse gentillesse. Tu veux t'attirer des faveurs. Tu veux que ta communauté, ton ami(e) baisse la garde afin de mieux frapper. Tu n'as rien, mais tu joues à la grande dame, au grand monsieur : « Tu connais même qui je suis ? Mon père est ceci, ma mère est cela… » Tu es un orgueilleux. Repens-toi ! Vie avec tes moyens. Vie comme Dieu t'a créé. Vie comme tu es.

L'utilisation du temps. Comment gères-tu ton temps de travail ? Quand tu es au boulot, travailles-tu pour ton employeur ou alors tu fais un travail en parallèle aux heures consacrées à ce pourquoi tu es payé(e) ? Est-ce qu'aux heures de travail tu es sur Facebook, Twitter, WhatsApp ? Que fais-tu de ton temps d'études ? Sèches-tu les cours pour vaquer à des occupations mondaines, pour aller à des rencards, pour aller te balader ou même pour flâner à la maison ? Tu es sur la voie de la perdition, repens-toi, corrige le tir et rattrape le temps perdu en travaillant doublement. Et comment gères-tu ton temps libre ? Te livres-tu à des vanités ou as-tu des passions saines ? Fais attention aux images et vidéos que tu regardes sur les réseaux sociaux, à la télé, et même au genre de musique que tu écoutes. Combien d'heures consacres-tu à ton sommeil par jour, travailles-tu par jour ? Quel temps consacres-tu à Dieu qui a créé le temps et qui te donne 24h par jour ? Combien d'heures de prière, de lecture biblique, de méditation, de louange/adoration ou d'évangélisation lui accordes-tu par jour ?

Les biens d'autrui. Tu utilises le matériel de l'entreprise, de ton patron pour faire l'aumône aux pauvres ? Tu es un voleur. Tu prends l'argent du carburant, commande des matériaux en plus en entreprise pour les revendre ou l'utiliser à tes propres fins, tu es un voleur. Tu voles le pain dans la boulangerie où tu travailles, des articles dans le magasin où tu travailles pour nourrir ta famille, tu es un voleur. Tu utilises le crédit de communication de l'entreprise pour des fins personnelles, tu es un voleur. Tu utilises la voiture de l'entreprise, de l'administration pour tes projets, tu es un voleur. Tu utilises la voiture de papa ou de maman sans leur avis ou autorisation, tu es un voleur. Tu prends l'argent de ton entreprise pour offrir des cadeaux aux jeunes filles ou aux femmes mariées ? Ce sont des cadeaux empoisonnés qui vont détruire leur vie. Tu es un voleur, un adultère et un meurtrier. Repens-toi ! Avoue ! Rembourse !

L'avantage des relations.

Pour obtenir un marché, un emploi, un contrat, tu as fait usage de tes relations pour un poste, un marché ou un contrat pour lequel toi (ou ton entreprise) n'était pas le/la plus qualifié(e) ? Tu es un faussaire. Cet acte t'ouvre les portes de la corruption. Oui, ton entreprise est bâtie sur le mensonge, ton projet a pour fondation la corruption. Tôt ou tard, ton empire va s'effondrer. Car tu as volé une place qui n'était pas tienne. Repens-toi ! Répare le mal causé !

Faux papiers...faux âge.

Ton recrutement est-il basé sur un faux diplôme, tu dois te repentir et démissionner. Dieu fera le reste et pourra te restaurer. Tu as changé ton âge, tu dois te repentir et restituer ton vrai âge. Tu ne pourras pas percer dans une vie de foi et de lumière dans le mensonge. Non non, tôt ou tard le diable te rattrapera, très fatalement. Il te coincera. Tu dois te défaire de lui maintenant.

La négligence.

Des objets précieux, des marchés juteux, des personnes chères ont été perdus, volés ou sont partis à cause de ta négligence ? Tu dois te repentir et demander pardon. Si ce sont des objets restituables, restitue-les !

La liste ne saurait être exhaustive. Nous avons voulu attirer ton attention sur le chemin de la communion avec Dieu. Tu dois créer par ce nettoyage personnel un environnement favorable à la communion avec Dieu. Tous ces péchés non reconnus, non avoués, mal confessés, non réparés sont comme des ordures dans ta maison, dans ton salon, sur ton lit. Il faut tous les nettoyer. Jésus, notre Seigneur, revient chercher chaque chrétien comme une épouse pour la noce. Ton environnement spirituel ne doit pas ressembler à une poubelle. Le Saint-Esprit récuse la puanteur spirituelle. Chrétien(ne), tu désires rencontrer Christ ? Jésus ne viendra pas à toi dans cet état, suis les instructions, nettoie-toute ordure dans ta vie spirituelle. Adieux les caniveaux spirituels !

Par ce message, comme à Jéricho, Jésus se promène dans la cité de ton cœur à présent. Il te demande de te dépêcher, car Il vient à ta rencontre. Comme Zachée, veux-tu absolument voir qui est Jésus ? Veux-tu véritablement rencontrer Christ, non pas comme un personnage biblique, historique, mais comme le Fils de Dieu dont tu as entendu parler ? **Quelque chose t'empêche d'aller à lui véritablement !** Les torts non réparés font de toi un « nain » spirituel. Souviens-toi que Zachée était de petite taille, mais il voulait voir Jésus. Mais dès lors qu'Il l'a rencontré, parce que son cœur était sincère, sa vie a changé. Il s'est précipité à la restitution. Il a tout reconstitué, puis il s'est engagé à tout rendre, voire plus. As-tu mis en pratique les ordonnances qui t'ont été données dans la section 4-a portant sur la réparation ? Si tu ne l'as pas fait, fais-le ! Sans cela, Jésus passera chez toi, sans te trouver. Car, quelque part dans ce monde, quelque part dans ton quartier, quelque part dans ton lieu de travail, quelque part dans ton histoire, quelque part dans ton enfance, ton adolescence, quelque part dans ta famille, quelque part dans ta vie amoureuse, quelque part dans la communauté chrétienne à laquelle tu appartiens…**il y a encore une, deux, trois, dix, des dizaines, centaines de personnes qui se plaignent de toi. Il y a des cœurs blessés qui saignent encore à cause de toi**. Et devant Dieu, ils/elles ont raison. Tu es coupable ! Sans cette réparation, tu ne verras pas la face de Dieu. Et tes prières n'arriveront pas jusqu'à Lui. Jésus s'arrête dans ta vie aujourd'hui. Il est là ! Dépêche-toi ! Il faut tout réparer. Si tu peux, rends doublement !

EXERCICE 5 [7]: QU'EST-CE QUE JE DOIS REMBOURSER ?

Prends un temps de retraite d'une journée, dans le jeûne, la méditation et la prière. Pense aux choses que tu dois rembourser. Médite sur ces choses. Note-les sur un bout de papier. Demande au Seigneur la grâce de pouvoir les rembourser dans un délai raisonnable.

---

[7] L'exercice 4 concerne la restitution au prochain.

CHAPITRE 6 : LA SOUMISSION

Etape 5 : AU PÈRE, MÈRE…JE ME SOUMETS !

Après avoir achevé les quatre premières étapes de la communion avec Dieu, il manque une dernière étape, la soumission, qui est l'un des ciments ta communion avec Dieu. Cette étape consiste à se soumettre à une autorité humaine : un homme ou une femme de Dieu. Il ou elle ne remplace ni le Saint-Esprit, ni Jésus, ni Dieu. Il n'est en aucun cas médiateur entre toi et Dieu. L'autorité humaine en Christ représente une couverture ou un parasol lors des intempéries dans ta marche avec Dieu. Tu lui confieras tout, sans rien lui cacher. Tu lui obéiras, comme un père à son fils, comme une fille à sa mère. C'est lui (elle) qui aura la charge de veiller sur toi, nouveau repenti(e), comme un oiseau veille sur ses petits au prix de sa vie. Ton accompagnateur spirituel (berger, faiseur de disciple) se rassurera que tu ne rétrogrades point. Si tu rétrogrades, c'est lui qui rétrograde. Tu lui confieras tout. Tu ne prendras aucune décision sur ta vie spirituelle et tous ses pans (ta vie sentimentale, ta vie professionnelle, ta vie familiale, ta relation avec Dieu, etc.) sans l'y associer ou le/la tenir informé(e). C'est quelqu'un à qui tu rendras compte de tout, sans rien cacher, comme si c'était Jésus sur terre à qui tu rendais fidèlement compte. Bien plus, il/elle peut devenir celui/celle de qui tu tiens ton manteau spirituel, ton onction. Les hommes de Dieu les plus miraculeux ont hérité, d'une manière ou d'une autre, du manteau de leur père spirituel. Le cas le plus remarquable dans la bible est la relation d'Elisée avec Élie. Es-tu prêt(e) à faire le dernier pas, le pas de la soumission ?

1. COMMENT CHOISIR SON PERE OU SA MERE DANS LA FOI ?

La plupart des chrétiens catholiques ont au moins un accompagnateur spirituel : quelqu'un à qui ils se confient régulièrement ou irrégulièrement en cas de besoin : conseils, prière, intercession, enseignement, soutien moral, appui social, etc. L'accompagnateur spirituel n'est pas quelqu'un vers qui vous irez quand vous êtes dans l'urgence ou le besoin. Il est votre père ; elle est votre mère en matière de spiritualité. On ne rend pas visite à son père ou à sa mère biologique parce qu'on a besoin de ses services ou parce qu'on ressent le besoin. Non, on le fait premièrement par devoir, mais deuxièmement parce qu'on ne peut pas supporter son absence pendant longtemps.

Si vous êtes un nouveau converti ou une nouvelle convertie et vous n'êtes soumis(e) à l'autorité d'aucun homme de Dieu, il y a de fortes chances qu'à la longue, vous deveniez un chrétien rebelle ou invalide. Quelle que soit l'issue, la rébellion ou l'invalidité, vous finirez dans les griffes du diable qui rode pour dévorer. Et quand il revient à la charge, il est sans pitié. Les conséquences sont parfois désastreuses, calamiteuses. N'as-tu pas déjà vu des jeunes gens se baptiser et quelques années après mener une vie d'immoralité sexuelle sans bornes ? Et que dire de ces jeunes qui défendaient Christ avec zèle et finissent par se retrouver dans des loges franc-maçonnes ou des ordres ésotériques ? Pire encore, ces jeunes convertis qui ont créé des mouvements chrétiens ou religieux, mais se sont retrouvés bien après dans des scandales sans précédent. Si tu es curieux et méticuleux, tu te rendras à l'évidence que la plupart des chrétiens engagés qui échouent dans leur marche avec Christ, qui coupent définitivement leur communion avec Dieu, ne sont pas soumis à l'autorité d'un aîné ou d'une aînée dans la foi. Soit ils n'ont pas de père ou de mère spirituelle, soit ils ne lui obéissent pas, soit ils lui ont été infidèles ou rebelles pendant un moment, soit ils n'ont pas eu le père ou la mère spirituel(le) qu'il leur fallait.

Chez les chrétiens catholiques, quand tu te prépares à recevoir le baptême, on te confie à un parrain ou à une marraine. Tu as certainement eu un parrain ou une marraine dans ta vie. As-tu été soumise à ton parrain ou à ta marraine depuis ton baptême ? À quand remonte votre dernière conversation, votre dernière rencontre ? Lui rends-tu fidèlement des comptes sur tous les aspects de ta vie ? Quelle place occupe-t-il dans ta vie naturelle et spirituelle ? L'homme ou la femme qui te tient comme parrain ou marraine, est-il véritablement pour toi un modèle de foi et de vie en Christ ?

L'un des problèmes majeurs que rencontrent les jeunes convertis est l'absence de suivi dans leur cheminement avec Christ. L'accompagnateur spirituel est souvent proposé par le père ou la mère de l'enfant qui reçoit le baptême dans sa jeunesse. Bien souvent, ce choix du baptême ne naît pas de sa conviction profonde de rencontrer Christ, mais lui est imposé par ses parents. Parfois, l'accompagnateur spirituel (confesseur, parrain/marraine, prêtre de la paroisse, etc.) lui-même mène une vie contraire à ce que recommande la bible. Pire, certains accompagnateurs n'ont même pas conscience de leur responsabilité envers les enfants en Christ qui leur sont confiés. Si vous ne faites pas signe de vie, ils ne vous feront pas signe de vie. La première mission de l'accompagnateur spirituel est de prier pour vous. Quel est le meilleur gardien, le meilleur guide, le meilleur veilleur si ce n'est la prière ?

Il n'est pas exclu d'avoir deux ou trois accompagnateurs spirituels. Mais en avoir trop, fera de vous une prostituée spirituelle. En général, on a trois à cinq personnes à qui on peut se confier, comme un enfant nu, qui va dans les bras de sa mère. Mais parmi ces deux à cinq personnes, vous devez avoir une personne à qui vous vous confiez principalement et entièrement, sans rien lui cacher. Quand vous apprendrez à vous soumettre à cet(te) aîné(e) dans la foi, vous ferez un pas indubitable vers l'obéissance.

Dans certaines communautés chrétiennes, l'accompagnateur spirituel est appelé faiseur de disciple ou berger. Ça peut être un pasteur, un laïc oint ou une laïque ointe, un prêtre ou un moine. Cela n'a rien à voir avec le titre. Ceux qui ont pour accompagnateurs spirituels des prophètes sont à la fois bénis et désavantagés. Si ton père spirituel est un prophète, il y a de fortes chances que l'onction prophétique descende également sur toi et que tu deviennes prophétesse ou prophète. Cela ne veut pas dire qu'on choisit le père ou la mère spirituelle en fonction des dons. En général, c'est un choix imposé par la communauté chrétienne à laquelle vous appartenez. Et le choix se fait régulièrement de manière aléatoire, mais il est divin. Car tout père spirituel conscient de sa charge et de son appel porte en lui une semence divine qu'il saura te transmettre si tu es assidu(e) et proche de lui. Tu peux être un jeune prophète ou une jeune prophétesse, mais avoir pour accompagnateur un père ou une mère « docteur », rempli du don de l'enseignement de la Parole. Et tu dois accepter ce choix et te soumettre à lui/elle. Plus tu te soumets, plus tu grandis. Paul était apôtre, mais il a eu pour maître un docteur de la loi, Gamaliel. Or, Pierre a eu pour maître Jésus, le Messie. Mais cela ne l'a pas rendu plus puissant ou plus prospère dans le ministère que Paul. **Ce qui fera de toi un chrétien libre, épanoui et prospère, c'est ta capacité à te soumettre à l'autorité d'un père pour mendier son onction**. Cependant, on ne se soumet pas à n'importe qui ? La soumission n'a rien à voir avec le titre. Elle concerne l'autorité spirituelle. Quel est le regard de Dieu sur celui que tu prends/acceptes pour père ou mère ? Est-il/elle juste et loyal (e) ?

2. LES CARACTERISTIQUES DU BON BERGER OU PERE SPIRITUEL

1. Quelqu'un(e) qui vit et respire la prière

La vie de prière est la caractéristique principale des bons bergers. L'on n'a pas besoin d'être un prophète, un prêtre ou un pasteur pour aimer la prière ou se donner à des heures de prière chaque jour avec Dieu. C'est la mission de tout chrétien : « veiller et prier » (Luc 21 : 36). Le bon berger est d'abord un intercesseur. L'homme ou la femme qui vous accompagne doit vivre et respirer la prière. **Il y a deux catégories de personnes qui prient beaucoup : les chrétiens victorieux et les chrétiens persécutés**. Il est très impératif que ton père ou ta mère spirituel fasse partie de la première catégorie : ceux qui vont de victoire en victoire, et non ceux qui vont de défaite en défaite. Ces derniers font partie des chrétiens persécutés ou possédés. La persécution en soit est une bénédiction. Elle doit pouvoir déboucher sur un témoignage. Mais lorsqu'elle vous retient prisonnière et vous empêche de témoigner, c'est une possession masquée. Tu dois donc te rassurer que ton accompagnateur marche avec Christ et qu'il/elle est né(e) de nouveau et manifeste les dons et les fruits de l'Esprit. Voici les neufs dons du Saint-Esprit : le don de parler avec sagesse (1), le don de parole de connaissance (2), le don de foi (3), le don de guérison (4), le don de miracles (5), le don de prophétie (6), le don de discernement des esprits (7), le don de langues (8), le don d'interprétation des langues (9). Voilà les fruits du Saint-Esprit : amour (1), joie (2), paix (3), patience (4), bonté (5), bénignité (6), fidélité (7), douceur (8), maîtrise de soi (9). Tu dois prier avec instance et persévérance pour rencontrer ton père ou ta mère spirituelle. Car, nombreux sont les chrétiens qui remplissent ces critères de l'accompagnement spirituel, mais vivent dans la pleine discrétion.

Ton père ou ta mère spirituelle doit être un compagnon du Saint-Esprit, quelqu'un qui agit sous le commandement du Saint-Esprit. Sinon, il ou elle demeurera un simple conseiller, un donneur de bons conseils. Et l'un des premiers impacts de cette caractéristique est qu'il/elle te poussera à booster ta vie de prière. Parfois, il vous arrivera de prier ensemble, tous les deux ou avec d'autres fils et filles à votre père. Et c'est parfois dans ce genre de relation que d'aucuns rencontrent leur âme sœur. Vous avez le même père spirituel. Vous vous êtes rencontrés à la même assemblée. Vous finissez par devenir mari et femme après avoir prié et prêché ensemble l'Évangile. **Ton** père spirituel ou ta mère spirituelle est le garant de ton insertion et de ta reconnaissance auprès d'une communauté chrétienne.

2. Quelqu'un approuvé par votre communauté

Il y a des gens qui choisissent pour père spirituel ou mère spirituelle des rebelles. Ils finiront par devenir des rebelles. Rassure-toi que l'homme ou la femme que tu choisis ou acceptes comme père ou mère spirituelle soit approuvé par la communauté à laquelle il/elle appartient. Car, normalement, sa communauté devient ta communauté. L'approbation va au-delà de l'appartenance. On peut faire partie d'une communauté sans en être approuvé, à cause de ses mœurs, de ses pratiques, de son indiscipline ou de son orgueil. Si tu n'y prends pas garde, les péchés de ton père spirituel risquent de devenir les tiens par le simple fait de vos fréquentations. Certains hommes de Dieu vont dans des églises pour créer la division. Et quand ils partent, ils partent avec une bonne partie des fidèles pour créer leur propre église. Créer une « nouvelle » église est la solution la moins recommandée face à la découverte d'un mal ou d'une injustice. L'on peut prêcher Christ sans créer une église, convertir des cœurs, bouleverser des nations sans être à la tête d'une église. Les exemples sont légion dans l'histoire. Toute division, si elle n'est provoquée par Dieu lui-même, porte en elle la marque de la rébellion et de son maître : satan.

3. Quelqu'un libre qui prend plaisir à vous écouter

Si la femme ou l'homme de Dieu que tu cibles pour être ton accompagnateur spirituel a déjà près ou plus d'une centaine de fils et de filles, alors qu'à côté de lui il y a des bergers sans fils ou fille ou très peu, va vers celui ou celle qui aura le temps libre nécessaire pour bien t'écouter et t'encadrer. Ce n'est pas parce que l'on prêche forcément bien que l'on sera le meilleur accompagnateur. Ce n'est pas parce que l'on chasse les démons, opère miracles et guérisons que l'on est le meilleur accompagnateur. **Le meilleur accompagnateur est celui ou celle qui trouvera le temps nécessaire pour t'écouter et t'encadrer**. Mieux, il/elle prend plaisir à échanger avec toi. Il/elle s'intéresse à ta vie, tes projets, tes réussites et tes frustrations. Personnellement, j'ai quatre « maîtres » en Christ (1 Co 4 : 15). Celui que j'ai reçu à mon premier baptême n'en fait pas partie. Mais lorsque Dieu m'a appelé à le servir, il m'a fait rencontrer des hommes oints qu'il m'annonça par une vision en plein jour. L'un d'eux, un prophète, est devenu un de mes pères spirituels. Mais le père spirituel de qui je suis le plus proche est celui que ma communauté chrétienne m'a confié. J'ai appris à lui rendre des comptes, au-delà de lui rendre visite ou de me confier à lui. Il est toujours disponible pour m'écouter. Je ne prends aucune décision pour ma vie spirituelle, professionnelle, sentimentale ou familiale sans son avis. Et avant de me donner son avis, il prie, parfois très longuement. Nous sommes devenus des associés en Christ.

4. Quelqu'un qui vous associe à lui/elle

Mon père spirituel ou faiseur de disciple m'a été attribué il y a de cela deux (02) ans[8]. Mais ce n'est que vingt-quatre-mois après pour être plus précis, que j'ai remarqué que j'avais emprunté la voie de la rébellion. Je lui ai rendu compte de mon cheminement jusqu'à un certain moment. Bien après, j'ai pris des décisions sans son avis, même si je le tenais informé des résultats ou des conséquences à chaque fois. Et quand je me suis cassé le bec, je suis retourné vers lui avec mon cahier de péchés pour lui demander pardon. **Ton père spirituel est aussi ton associé, c'est-dire quelqu'un dont toute décision, tout projet, toute action dépend. Tu ne dois prendre aucune action sans son avis, je dirai, sans son autorisation**. L'une des meilleures illustrations du vœu de l'obéissance se trouve chez les chrétiens catholiques. Les prêtres vouent une fidèle obéissance à l'église. Parfois le respect de l'autorité de l'autre y est plus observé que dans l'armée. C'est l'une des rares communautés chrétiennes où il y a moins de rébellion.

Quand j'ai confessé mes péchés à mon père spirituel, il était très mal en point du fait que ces péchés soient parvenus dans les oreilles d'autres hommes de Dieu avant lui. Il avait une autre conception du péché : si mon fils a péché, c'est moi qui ai péché. Alors il me corrigea « nous avons péché ». **L'association n'est donc pas qu'humaine, elle est aussi spirituelle. Par le lien avec ton père spirituel, tes péchés deviennent ses péchés**. Parfois, le phénomène inverse devient aussi possible. C'est pour cette raison, que vous devez prier pour que Dieu vous conduise vers l'homme ou la femme accompagnatrice qu'il a prévu(e) pour vous. C'est quelqu'un qui doit aussi être en même de « délier » ou briser tout mal en vous.

---

[8] 2017

5. Quelqu'un qui fera de vous la meilleure maquette de votre personnalité

Certains pères ou ainés spirituels peuvent être épris de jalousie à la découverte d'un(e) de leur fils ou fille. Oui, il peut arriver que votre père ou mère spirituel (le) manifeste moins de dons spirituels et de talents humains que vous. Cela ne doit faire en aucun cas un objet d'orgueil de votre part. Si vous êtes orgueilleux du fait que Dieu vous ait fait plus de grâce qu'à votre père dans la foi, votre chemin spirituel court au désastre. Le modèle parfait c'est Jésus-Christ. Son père, n'était-il pas charpentier ? Joseph, « père » de Jésus, a-t-il guéri les malades, a-t-il opéré des miracles, a-t-il prophétisé ? Rien de tout cela ! Mais c'était un homme intègre, obéissant et patient. Le Seigneur a été instruit par un homme apparemment sans dons. Cela pourrait être votre cas. **Seul l'esprit de soumission et d'obéissance vous conduit aux portes de votre destinée**. C'est grâce à Joseph que Jésus a connu le métier de charpentier. Jésus aurait bien pu choisir la voie de la révolte : « Je suis le fils de Dieu, pourquoi devrais-je me salir en faisant de petites tâches. » Il a obéi à son père jusqu'à ce que vienne le temps de son appel et de sa mission. **Vous devez être fidèle à votre père, votre mère spirituelle jusqu'à ce que vous recevez l'instruction qui vous enverra en mission pour répondre à l'appel de votre conversion**. Et c'est en cela que vous obtiendriez la meilleure maquette de vous. Les chemins par lesquels vous passerez burineront votre éternité. Il peut arriver que votre père ou mère spirituel (le) soit de loin, plus âgé que vous. Cela n'exclut pas des conflits générationnels. Votre grâce sera puisée dans l'obéissance parfaite. Car, Dieu vous demandera des comptes sur cette relation spirituelle et humaine.

6. Quelqu'un que vous servirez

La plupart des serviteurs de Dieu, grands et petits, ont eu des maîtres dans la foi et la loi. Pourtant, tous les chrétiens ont pour seul et unique Maître Jésus-Christ ! Dieu passe par des hommes oints pour bâtir ses enfants afin de mieux paître son pâturage. Les 11 apôtres ont eu pour maître dans la foi et dans la loi Jésus en personne. Paul n'a pas connu Jésus de son vivant, mais il a eu un maître : Gamaliel. « Je suis juif, né à Tarse en Cilicie ; mais j'ai été élevé dans cette ville-ci, et instruit aux pieds de Gamaliel dans la connaissance exacte de la loi de nos pères, étant plein de zèle pour Dieu, comme vous l'êtes aujourd'hui. » (Ac 22 : 3) **Qui est ton instructeur ? Qui est ton instructrice ? Quel est l'homme ou la femme qui t'instruira et que tu serviras afin d'être plein de zèle pour Dieu ?** L'une des caractéristiques principales du maître, c'est la connaissance. La personne à qui tu te soumets doit être remplie de la Parole. Elle doit vivre et respirer les Saintes Écritures. En la servant, tu recueilleras auprès d'elle les grâces dont tu as besoin pour devenir un arbre inébranlable dans la foi. Le service de cet oint ou de cette ointe de Dieu te place sous son autorité spirituelle et humaine. Satan s'il s'attaque à toi, s'attaquera directement à lui/elle. Si les hommes s'attaquent à ta réputation et à ton honneur, ils s'attaquent directement à ton maître dans la foi. Tu es redevable envers lui et il devient redevable envers toi. C'est l'homme ou la femme à qui tu obéiras sans regimber. Les prêtres, les pasteurs, les évangélistes, les prophètes qui vont de victoire en victoire dans leur ministère ont tous des maîtres, des pères, des « daddy » ou des « mummy ». Par la foi, tu deviens un disciple du Christ, naturellement, un évangéliste, quelqu'un qui prêchera la Parole, annoncera la bonne nouvelle à son lieu de service, à l'école, à l'université, dans sa famille, pendant ses voyages, etc. Seul(e), tu ne t'en sortiras pas. Tu as besoin de quelqu'un de plus grand et plus sage que toi pour prospérer dans la proclamation de l'Évangile. Et la grandeur ou la sagesse n'a rien à voir avec l'âge. Ton père ou ta mère spirituelle peut être moins âgé(e) que toi, car vous n'avez pas le même âge spirituel. Un jeune homme de 30 ans dans sa chair, peut avoir un âge spirituel de 30 ans. Tandis qu'un adulte de 45 ans peut avoir un âge spirituel d'01 mois. Le service fidèle de cette femme ou homme de Dieu que tu auras identifié(e) ou qui te sera attribué te place automatiquement sous son onction. C'est le mystère du service fidèle et sans intérêt ; il ramène l'onction. C'est pour cette raison que le prophète Elisée a eu la double portion, la double-onction en se revêtant du manteau d'Elie.

7. Quelqu'un(e) avec qui vous travaillerez

Les disciples du Christ sont finalement devenus ses co-ouvriers. L'apôtre Paul, lui-même a eu de nombreux disciples qui sont devenus ses compagnons dans le ministère : Sopater de Bérée, Gaïus de Derbe, Timothée, Théophile, Tychique, Trophime, etc. Le service de votre père fait de vous son disciple, mais surtout son futur compagnon, afin de devenir un véritable disciple de Jésus-Christ. C'est avec lui que vous marcherez quand il ira prêcher. Ainsi, vous apprendrez fidèlement auprès de lui : comment prêcher, comment tenir une assemblée, comment chasser les démons, etc., jusqu'à ce que vienne votre temps. Lorsque l'harmonie est parfaite, vous devenez des compagnons inséparables. Et au fil du temps vous grandirez en sagesse et en puissance. C'est dans cette relation amicale et fraternelle que vous serez initiés aux lois du leadership spirituel. **Nombreux sont ceux qui reçoivent l'appel, la mission, mais échouent dans l'exercice du ministère. Et l'un de pièges du diable est de les précipiter à l'indépendance, l'autonomie dans l'évangélisation quand il n'est pas encore temps**. Si vous allez en mission pour un appel auquel Dieu vous a convié, alors que ce n'est pas le temps de Dieu, vous échouerez. D'aucuns parfois trouvent la mort, connaissent des scandales ou se trouvent domptés par les mauvais esprits. Ce n'est pas parce que vous avez reçu les dons spirituels que vous devez vous mettre à les exercer sur le champ. Sauf si cela est une instruction de Dieu. Ne partez jamais en mission, tant que vous n'avez pas reçu l'instruction. L'instruction est l'autorité précise que vous recevez pour la mission. Et votre père ou mère spirituelle travaillera avec vous à provoquer cette instruction. Le fait qu'on vous nommera ministre du travail ne vous autorise pas à faire des décrets ou à des descentes sur le terrain avant votre investiture. Tant que vous n'avez pas été officiellement mandaté par un arrêté(e), la nomination n'a aucun pouvoir. C'est cet arrêté, qui précise votre mission et vos fonctions, qui vous donne le « go » pour votre ministère. Pour certains, le ministère peut prendre effet juste après la conversion. Pour d'autres, il peut prendre des années. Le Saint-Esprit, le Commandeur Universel, est souverain dans ses arrêtés ministériels. Ne commettez pas des erreurs qui vous seront fatales par la suite.

3. LES ERREURS QUE COMMETTENT LES CHRETIENS !

Nous avons identifié cinq erreurs qui peuvent surgir dans la relation de paternité spirituelle entre un fils ou une fille et leur père dans la foi.

1. L'habit ne fait pas le moine

Quand on est converti et que l'on recherche un père ou une mère spirituelle dans une communauté chrétienne (une église ou un ministère), la tentation forte est d'avoir le pasteur, le prêtre principal, le prophète, l'évêque ou même l'apôtre ou accompagnateur spirituel. En général, ceux ou celles qui ont des pères spirituels de cette ossature ne les ont pas choisis, ce sont ces pères qui les ont choisis, par le commandement du Saint-Esprit. Le fait que vous côtoyez le prophète, le fait qu'il vive tout prêt de votre maison ne fait pas automatiquement de lui votre père spirituel. Votre père spirituel peut être un simple chrétien. S'il a les caractéristiques du bon berger, cela est largement suffisant pour vous accompagner dans votre marche avec Christ. L'habit ne fait donc pas le moine.

2. Le tempérament

La plupart du temps, c'est l'église qui vous confie à un homme ou une femme de Dieu qui deviendra votre maître. Certaines églises vous laissent la liberté de choisir selon votre convenance. Le premier réflexe est de prier quand vous avez l'embarras du choix. Au cas où vous avez en face de vous plusieurs possibilités de choix, considérez le tempérament de vos accompagnateurs. Il y a des pères ou des mères spirituels qui brillent par leur rigueur, d'autres par leur simplicité, d'autres encore par leur humilité, leur esprit d'écoute, leur allégresse permanente, leur disponibilité à tout égard, leur patience, leur connaissance de la parole, leur éloquence, leur zèle ou leurs dons, etc. À vous de choisir ce que vous n'avez pas et que vous trouvez en eux pour compléter vos manquements. Car, un père spirituel doit pouvoir contribuer à affermir ou augmenter vos talents et vos dons. Pour ce faire, en fonction de votre propre trait de caractère, choisissez, par l'intercession du Saint-Esprit, celui que votre cœur agrée.

3. Le genre

Je vous recommande, si vous êtes un homme, d'avoir pour accompagnateur spirituel un homme, et si vous êtes une femme, d'avoir pour accompagnateur spirituel une femme. Sauf si c'est lui/elle ou le Saint-Esprit qui vous choisit. Je ne dis pas qu'un homme ne saurait accompagner une femme ou qu'une femme ne saurait accompagner un homme. Mais nous avons vu des cas où le diable pousse des hommes et des femmes qui cherchent Christ au péché de l'immoralité sexuelle. Surtout, lorsque la repentance du nouveau converti n'est pas authentique. Considérez donc la question du genre dans vos choix. Et s'il faille choisir un accompagnateur spirituel qui soit de sexe opposé que vous, l'écart d'âge doit être grand. Vous devez veillez à la manière de vous vêtir, quand vous lui rendez visite. Car nul ne sait quand rugit le diable. Le simple fait de penser à vous, charnellement dans son cœur, ouvre les portes du péché et vous expose aux griffes de satan.

4. La distance

La distance n'est pas un frein à l'accompagnement spirituel. Si votre père spirituel vit dans la même ville que vous et que vous devez dépenser au moins 5.000 fcfa par semaine pour lui rendre visite, vous devez porter votre croix. Ce sacrifice fera partie de votre témoignage demain. Il peut même arriver qu'il ne réside pas dans la même ville que vous. Mais vous devez être fidèles à vos visites. Quand vous cessez de lui rendre visite, vous vous exposez à la rébellion, à la paresse et à la tentation. Vos visites permettent de lui rendre des comptes, de vous fortifier dans la foi et la prière, de grandir en connaissance, mais aussi de lui rendre témoignage. Si par contre, la distance devient un obstacle à votre rencontre, Internet et les réseaux sociaux offrent de multiples opportunités. Au cas où l'endroit où l'un de vous réside, l'internet n'est pas accessible, vous devez penser à lui rendre visite au moins tous les trois mois. S'il réside à l'étranger, fixez cela sur un an au moins. Si rien de tout cela n'est possible, vous devez avoir un autre accompagnateur spirituel que la distance ne séparera pas de vous. Pas d'excuse qui vaille ! Si vous avez perdu de vue votre père spirituel depuis longtemps, rentrez le chercher.

5. L'orgueil

L'orgueil vous empêche de recevoir les grâces du ciel ou l'onction des hommes de Dieu. **Le contact avec votre père ou mère spirituel(le) doit vous accorder la vertu de la soumission**. Les hommes qui ont le plus accompli de miracles dans leur ministère étaient des hommes humbles. Jésus lui-même est le modèle de l'humilité par excellence. Vous devez taire tout ce que vous savez, tout ce que vous avez reçu en face de votre père spirituel. Ne parlez de vos exploits, de vos dons ou de vos talents que s'il/elle vous le demande ou vous l'autorise. **Votre père spirituel peut être moins intelligent, moins riche ou moins puissant que vous. Mais devant lui, votre intelligence, votre richesse ou votre renommée n'a aucune valeur**. Si vous la mettez en avant, sans son autorisation, jamais vous ne recevrez votre onction. Soumettez-vous ! Tuez votre orgueil !

EXERCICE 6 : MAÎTRES DANS LA FOI, PERE EN CHRIST.

Il est écrit : « En effet, même si vous aviez dix mille maîtres dans la foi en Christ, vous n'avez cependant qu'un seul père. Car c'est moi qui vous ai fait naître à la foi en Jésus-Christ en vous annonçant la Bonne-Nouvelle. » (1 Co 4 : 15 BS). Ainsi, l'Apôtre Paul distingue les maîtres en Christ, du père dans la foi. Les maîtres en Christ sont les hommes de Dieu qui nous ont transmis avec influence les éléments de la croissance en Christ en vue de notre progrès spirituel. Ils peuvent être des milliers. Nous leur devons respect et reconnaissance. Toutefois, parmi ces maîtres, il y a un qui est devenu un père dans la foi pour toi. Ce n'est pas Le Père Créateur, mais ton père spirituel sur la terre ; celui qui fera de toi un disciple de Jésus-Christ. Voici, combien de maîtres as-tu ? Qui est ton père dans la foi ? Prends une semaine et mets tout cela sur papier, demande à Dieu la révélation si tu n'en as pas. Puis, va, cherche-les, appelle-les, soumets-toi et sers-les. Tu peux identifier, pour un début, maximum cinq (05) maîtres en Christ, dans ton pays ou en dehors. Apprends à prier pour eux au moins une fois par semaine. Prie beaucoup plus pour ton père spirituel. Quand tu auras fini de faire cet exercice, n'hésite pas à nous contacter afin que l'on prie pour vous.

CHAPITRE 7 : L'ASSURANCE DU SALUT

Les semaines précédentes, Dieu a permis que nous partagions sur « communier avec Dieu » en six sections. Nous te conseillons vivement de lire l'intégralité de ces six premiers messages sur la communion avec Dieu avant d'entamer la présente lecture (voir fin de ce message). Si tu as déjà lu les six premiers chapitres, rassure-toi que tu as achevé toutes les instructions qui t'ont été recommandées avant d'entamer la présente section. Nous avons parlé de la vraie repentance : **comment restaurer ta communion avec Dieu** alors que tu as reçu le baptême d'eau et/ou du Saint-Esprit, et tu continues d'aimer ou de vivre dans le péché ? Dans ce message adressé aux sceptiques, ceux ou celles qui sont encore plongés dans le doute, nous évoquons l'assurance du salut.

1. UNE VIE NOUVELLE !

Jésus dit : « Celui qui croira et sera baptisé sera sauvé ; celui qui ne croira pas sera condamné. » (Mc 16 : 16). Tu es libre de recevoir ce message comme un cadeau du ciel ou comme une malédiction. Mais sache qu'ignorer ce message te condamnera. Tu as déjà reçu le baptême, mais tu n'as guère l'assurance du salut ? La plupart des chrétiens vivent comme d'éternels esclaves parce qu'ils ont été baptisés sans avoir cru. Ce sont leurs parents qui les y ont forcé, conseillé ou encouragé. D'autres encore ont vu leurs amis se baptiser et ils sont allés recevoir le baptême. La conséquence directe de ce type d'engagement baptismal est que le baptême restera un simple plongeon dans l'eau, un simple mouillage de pluie. Tu as été arrosé(e). Tu n'as pas été baptisé(e), pour la simple raison que tu n'avais pas cru. Jésus dit « **quiconque croira et sera baptisé** », « **sera sauvé** ». Tu as donc besoin de croire et d'être à nouveau plongé(e) dans les eaux. La foi est la première marche vers le salut. Elle est suivie du baptême. La bible n'a pas dit que quiconque se baptisera et croira. C'est Satan, le père du mensonge, qui donne aux chrétiens de faux baptêmes, de fausses croyances, de fausses doctrines. As-tu cru en Christ ? Il n'y a pas de salut sans baptême ? Le baptême est un acte d'engagement véritable en Christ, auprès d'une communauté chrétienne. Nul ne peut se baptiser soi-même. Christ lui-même, Dieu, a été baptisé par les mains d'un homme, Jean Le Baptiste, son cousin.

Tu as cru et tu t'es fait(e) baptisé (e) ? Si tu as cru, as été baptisé(e) et puis sauvé(e), quelle est la date exacte de ta rencontre avec Christ ? Tu ne t'en souviens même pas ! On n'oublie jamais la date de son appel ou de sa repentance. As-tu la garantie que tu as été, es ou sera sauvée ? Prends du temps et médite bien sur cette question. Qu'est-ce qui t'a sauvé(e) ? Qu'est-ce qui a ôté ton péché ? Le baptême (la religion, la catéchèse) ou la foi (Jésus) ?

Ni la foi ni le baptême n'ôtent le péché. Es-tu surpris(e) de cette vérité évangélique ? Si le baptême ôtait le péché, pourquoi Jésus s'est-il baptisé alors que la bible déclare qu'il a été conçu sans péché et qu'il n'a jamais commis de péché ? Jésus voulait-il se purifier ? Si oui, de quoi ? Est-ce dont le baptême par Jean qui a sauvé Jésus ? Seul Jésus, fils de Dieu et Dieu, ôte le péché : « Voici l'Agneau de Dieu qui ôte le péché du monde. » (Jn 1 : 29). Le baptême est un acte d'engagement, d'obéissance à Dieu. C'est la marque de tous les enfants de Dieu, ce qui les distingue d'autres créatures.

Mais cette marque ne fait pas de toi un héritier : elle est la promesse, la clef de ton héritage. Ce qui fait de toi un héritier, ce qui active ton héritage, c'est la relation que tu entretiens avec Dieu. C'est comme avoir la clef d'une voiture, sans posséder la voiture. La clef n'est pas la voiture. Elle te donne accès à la voiture. Pour posséder la voiture, il faut marcher selon l'instruction et avoir un permis de conduire. On peut avoir la clef sans jamais posséder ou conduire la voiture.

Allons plus loin. Si le baptême ôtait le péché, pourquoi est-ce qu'après le baptême tu continues à pécher, parfois même à pécher bien plus qu'avant le baptême ou ton engagement à l'église ? Ton engagement n'était pas total, parce que ton cœur n'était pas sincère, ni ta volonté forte. Dieu regarde au cœur. Il veut que tu lui donnes ton cœur, tout, sans rien laisser. Quand on prend le cœur d'un homme, que lui reste-t-il ? Rien ! C'est ce cœur qu'il veut que tu lui offres. Si tu es incapable de tout lui donner, ta vie chrétienne sera une traite négrière. Elle te mènera tout droit aux portes de l'esclavage. Mais si tu lui donnes tout de toi : REPENTANCE COMPLÈTE, sur le champ, il prend les commandes de ton navire. Et ton aventure sur la terre ne sera plus jamais la même. Une nouvelle vie s'offrira à toi. Veux-tu goûter à cette vie nouvelle ? Veux-tu devenir un fils et une fille du Royaume ? Si oui, rassure-toi que tu as entièrement suivi, avec succès, les cinq étapes de la vraie repentance : le pouce, l'index, le majeur, l'annulaire et l'auriculaire.

Paul nous rappelle : « La circoncision n'est rien, et l'incirconcision n'est rien, mais l'observation des commandements de Dieu est tout. » (1Co 7 : 19). Baptisé(e) ou non baptisé(e), l'obéissance à la loi de l'Évangile attire vers toi la grâce qui donne la foi. Et cette grâce fait de l'observation de la loi par ta foi une bénédiction. La loi n'est plus une condamnation. Elle devient une bénédiction, ta bénédiction, comme le révèle le roi David : « Heureux l'homme qui craint l'Éternel, qui trouve un grand plaisir à ses commandements. Sa postérité sera puissante sur la terre, la génération des hommes droits sera bénie. » (Ps 112 : 1-2).

Es-tu convaincu(e) de cette promesse universelle faite à tous les hommes et les femmes de droiture ? Veux-tu devenir un homme, une femme juste aux yeux de Dieu et non aux yeux des hommes ou de ta religion ? Si ton cœur est sincère, Dieu te lavera, te sanctifiera et te justifiera. Sais-tu que tu as simplement besoin d'une conversion sincère, d'une repentance véritable pour que tous tes péchés soient effacés ?

« Repentez-vous donc et convertissez-vous, pour que vos péchés soient effacés, afin que les temps de rafraîchissement viennent de la part du Seigneur, et qu'il vous envoie celui qui vous a été destiné, Jésus-Christ. » (Ac 4 : 19). Les temps de rafraîchissement marquent la nouvelle créature. Voici les vertus qui l'habitent : amour (1), joie (2), paix (3), patience (4), bonté (5), bénignité (6), fidélité (7), douceur (8), maîtrise de soi (9). (Ga 5 : 22). Ces vertus, qu'aucune loi ne condamne, t'habitent-elles ?

Si l'une ou plusieurs de ces vertus t'habitent, mais tu ne manifestes en aucun cas les dons du Saint-Esprit, sache que tu es un simple humaniste, un loyaliste qui observe la loi, sans vivre une relation intime avec Dieu.

Si tu as été baptisé(e), si tu as cru, tu es sauvé (e). La bible déclare : « Voici les signes qui accompagneront ceux qui auront cru : par mon Nom ils chasseront les démons et parleront des langues nouvelles. Ils saisiront les serpents, et s'ils boivent un poison mortel, il ne leur fera aucun mal ; ils imposeront les mains aux malades et les malades seront guéris. » (Mc 16, 17-18). Si aucun de ces signes ne t'a jamais accompagné, si l'un de ces signes t'est arrivé dans un passé lointain et t'as abandonné par la suite, sache que tu as urgemment besoin de repentance. Si tu es pourchassé par les démons au lieu de les pourchasser, si tu as peur des esprits mauvais, au lieu de créer la panique dans le camp des ténèbres, tu as besoin de rencontrer le nazaréen. En temps normal, tout véritable chrétien converti doit posséder au moins un ou plusieurs de ces neuf (09) dons du Saint-Esprit : le don de sagesse (1), le don de parole de connaissance (2), le don de foi (3), le don de guérison (4), le don de miracles (5), le don de prophétie (6), le don de discernement des esprits (7), le don de langues (8), le don d'interprétation des langues (9).

Quels sont tes dons spirituels parmi ceux susmentionnés ? Sais-tu que certains de ces dons ne se manifestent pas et ne se manifesteront jamais à cause de ta vie pècheresse depuis ton baptême ? Tu trouves peut-être que ce message est trop « fort », trop strict, trop sévère pour toi ? Non, c'est le péché qui est en toi qui est trop profond, trop dur et trop sévère. Il t'empêche d'accéder librement au salut. Satan veut t'empêcher de venir à Dieu une fois pour toute. **Fais un pas ferme vers la repentance**. La loi de Dieu n'est ni trop dure, ni trop stricte, ni trop sévère, ni trop difficile à vivre. « Heureux ceux qui sont intègres dans leur voie, qui marchent selon la loi de l'Éternel ! Heureux ceux qui gardent ses préceptes, qui le cherchent de tout leur cœur. Qui ne commettent point d'iniquité, et qui marchent dans ses voies ! Tu as prescrit tes ordonnances pour qu'on les observe avec soin [...] Alors je ne rougirai point, à la vue de tous tes commandements. Je te louerai dans la droiture de mon cœur, en apprenant les lois de ta justice. » (Ps 119 : 1-4 ; 6-7).

Pour l'homme, Dieu a conçu une loi parfaite, des desseins parfaits tels que le rappelle le roi David : « La loi de l'Éternel est parfaite, elle restaure l'âme ; le témoignage de l'Éternel est véritable, il rend sage l'ignorant. » (Ps 19 : 8). Pour que ton témoignage soit authentique, il te faut une conversion véritable. Et l'obéissance fidèle à cette loi parfaite te conduira assurément à la vraie repentance. Veux-tu que ton âme soit restaurée ? Veux-tu être sauvé(e) ? Avoue toutes tes transgressions à l'Éternel et il effacera la peine de ton péché (Ps 32 : 5). Détourne-toi du mal, fais le bien et possède à jamais ta demeure (Ps 37 : 27). « Qui pourra monter à la montagne de l'Éternel ? Qu'il s'élèvera jusqu'à son lieu saint ? Celui qui a les mains innocentes et le cœur pur ; celui qui ne livre pas son âme au mensonge, et qui ne jure pas pour tromper. Il obtiendra la bénédiction de l'Éternel, la miséricorde du Dieu de son salut. » (Ps 24 : 3-5). Veux-tu obtenir la bénédiction de l'Éternel sur ta vie, tes projets et ta destinée ? Il te faut rétablir une alliance avec Dieu : une alliance personnelle, intime, volontaire et consciente, digne d'un véritable fils ou d'une véritable fille du Royaume. Personne ne doit te pousser, te convaincre ou t'obliger à le faire. Cela doit être l'œuvre du Saint-Esprit en personne, le Commandeur Universel.

Veux-tu marcher main dans la main avec Jésus et le Saint-Esprit tous les jours qui te restent à vivre sur la terre ? Retire-toi, trouve un endroit calme et dis avec moi cette prière avec la plus grande ferveur, la plus grande foi. Si ton cœur est sincère, Dieu te pardonnera et tu rencontreras personnellement Jésus-Christ. Cela peut se produire instantanément, quelques jours, des semaines après, des mois ou des années plus tard, selon ton degré de désir et de recherche de la face du Seigneur, selon ton degré de soif du Dieu vivant, en fonction de ta destinée et de la souveraineté du Créateur.

Mon frère [ma sœur], que ton cœur retienne ces paroles, observe les préceptes de la loi et tu vivras. Acquiers la sagesse, acquiers l'intelligence, n'oublie pas les paroles de ma bouche, et ne t'en détourne pas. Ne l'abandonne pas, et elle te gardera ; aime-la, et elle te protègera.

2. ACTES DE REPENTANCE

Voici les actes de repentance que nous te proposons afin de sceller ta marche avec Christ.

PRIERE DE REPENTANCE

<u>NB</u> : *Dire cette prière après avoir rédigé tous tes péchés. Tiens ton cahier de confessions en main. Prends la position de prière qui te sied, de préférence à genoux ou couché(e) [ventre contre terre].*

Père, j'ai péché contre le Ciel et devant toi, je ne suis plus digne d'être appelé(e) ton fils [ta fille]. Ô Éternel ! J'ai réfléchi à mes voies et je dirige mes pieds vers tes préceptes. Je t'ai fait connaître mon péché. Je n'ai plus caché ma faute. Lave-moi complètement de ma faute. Purifie-moi de mon péché. J'ai choisi la voie de la vérité, je place tes lois sous mes yeux. Ne te souviens pas des fautes de ma jeunesse ni de mes transgressions ; souviens-toi de moi selon ta miséricorde, à cause de ta bonté. ô Éternel ! Si j'ai rendu le mal à celui qui était paisible envers moi, si j'ai dépouillé celui qui m'opprimait sans cause, pardonne-moi et accorde-moi la grâce de mener une restitution juste. Seigneur, je cours dans la voie de tes commandements, car tu élargis mon cœur. Donne-moi l'intelligence, pour que je garde ta loi et que je l'observe de tout mon cœur. Incline mon cœur vers tes préceptes, et non vers le gain. Détourne mes yeux de la vue des choses vaines, fais-moi vivre dans ta voie ! Affermis mes pas dans ta parole, et ne laisse aucune iniquité dominer sur moi ! Délivre-moi de l'oppression des hommes, afin que je garde tes ordonnances ! Ô Dieu, crée en moi un cœur pur, renouvelle en moi un esprit bien disposé. Rends-moi la joie de ton salut et qu'un esprit de bonne volonté me soutienne. Enseigne-moi tes voies. Je marcherai dans ta fidélité. Dispose mon cœur à la crainte de ton nom. Éternel, fais-moi voir ta bonté, accorde-moi ton salut ! J'enseignerai tes voies à ceux qui les transgressent, et les pécheurs reviendront à toi. Ô Éternel, prête l'oreille à ma prière, sois attentif à la voix de ma supplication. Mes yeux se consument dans la souffrance et languissent après ta promesse. Quand me consoleras-tu ? Aïe pitié de moi et rétablis-moi ! Et je leur rendrai ce qui leur est dû. Parle-t-on de ta bonté dans le sépulcre, de ta fidélité dans l'abîme ? La poussière a-t-elle pour toi des louanges ? Raconte-t-elle ta fidélité ? Ne dis-tu pas dans ta Parole que quiconque t'invoque sera sauvé ? Père, mon cœur s'est égaré. Je n'ai point observé tes voies. Par cet acte de repentance, je t'invoque, je te donne ma vie éternellement. Je n'oublierai plus jamais tes ordonnances, car c'est par elles que tu me rends la vie. Et ne me tiens point rancune des fautes de mes parents et de mes ancêtres. Que ta miséricorde court à notre rencontre. Car nous sommes bien malheureux. Secours-nous Dieu de notre salut pour la gloire de ton nom ! Délivre-nous et pardonne nos péchés à cause de ton nom ! Heureux l'Homme que tu châties, ô Éternel ! Et que tu instruis par ta loi, pour le calmer aux jours du malheur, jusqu'à ce que la fosse soit creusée pour le méchant ! Car l'Éternel ne délaisse pas son peuple, il n'abandonne pas son héritage. Ô Yahvé, relève ma grandeur, console-moi à nouveau ! Entre tes mains, ma vie et ma destinée. Sauve-moi, sauve ma famille. Car je crois en la promesse qui est pour tous ceux qui te craignent : l'espérance du salut. Voici, je désire pratiquer tes ordonnances : fais-moi vivre dans ta justice ! Je fais de tes commandements mes délices. Je les aime. Ta parole est une lampe à mes pieds, et une lumière sur mon chemin. Affermis mes pas dans ta parole, et ne laisse aucune iniquité dominer sur moi. Je devance l'aurore et je crie : j'espère en tes promesses. Je devance les nuits sans sommeil et j'ouvre les yeux, pour méditer ta parole. Je soupire après ton salut. Éternel, que ta miséricorde vienne sur moi, et ton salut selon ta promesse ! En toi, ô Éternel, je place mon appui. À l'ombre de tes ailes, fais-moi reposer. Je rappellerai les œuvres de l'Éternel…Je parlerai de toutes tes œuvres, je raconterai tes hauts faits. Dieu le fils, Seigneur Jésus, viens dans mon cœur afin que je devienne un enfant de Dieu et que je ne périsse jamais. Dieu le Saint-Esprit, remplis-moi de ta puissance. Amen !

Comment tu te sens ? Tu t'es réellement repenti(e) ? Alors, tu as fait le premier pas vers le salut. Pour être sauvé, il faut croire et être baptisé(e). Tu as un besoin de t'engager dans une bonne conscience avec Dieu par le baptême de la repentance. Tu dois mettre cet engagement, cette nouvelle capacité, la repentance, en action. Après la repentance véritable, tu dois être baptisé(e) si cela n'a jamais été fait ou si tu le désires (à nouveau) d'un cœur sincère. **Ceux à qui les apôtres prêchaient la parole et croyaient, devaient accomplir deux choses à la fois : se repentir (1), être baptisé (2)**. Il ne leur était pas permis de se repentir sans se baptiser par la suite, ni d'être baptisés sans s'être auparavant repentis. Si tu te trouves dans l'un de ces cas, tu dois recevoir le baptême de la repentance. N'aie crainte ! Moi-même je suis passé par cette étape du baptême de la repentance. Car dans ma jeunesse, je m'étais baptisé sans être repenti. Avais-je véritablement cru ? Non, c'était un baptême culturel, celui de la religion. Ma conscience n'était pas mature et véritablement engagée. Lorsque tu auras cru et que tu te seras baptisé(e), tu recevras la promesse de Pierre faite à tous les nouveaux convertis : « le pardon des péchés » (1) et « le don du Saint-Esprit » (2) (Actes 2 : 37-38).

Le baptême de la repentance n'est pas une invention humaine. Il est biblique. Le prophète Jean est le dépositaire de ce baptême. C'est le baptême de la conversion véritable. Si vous avez reçu le baptême d'eau, sans être véritablement repenti, vous avez tout simplement été aspergé. Dieu le Saint-Esprit n'a pas adhéré à votre conversion. Car, il existe plusieurs types de baptême : le baptême d'eau ou baptême de la repentance, le baptême du Saint-Esprit, le baptême du feu et le baptême du sang. Les Saintes Ecritures l'illustrent parfaitement :

« Pendant qu'Apollos était à Corinthe, Paul après avoir parcouru les hautes provinces d'Asie, arriva à Éphèse. Ayant rencontré quelques disciples, il leur dit : Avez-vous reçu le Saint-Esprit, quand vous avez cru ? Ils lui répondirent : Nous n'avons même pas entendu qu'il y ait un Saint-Esprit. Il dit : De quel baptême avez-vous donc été baptisés ? Et ils répondirent : Du baptême de Jean. Alors Paul dit : Jean a baptisé du **baptême de repentance**, disant au peuple de croire en celui qui venait après lui, c'est-à-dire, en Jésus. Sur ces paroles, ils furent **baptisés du nom du Seigneur Jésus**. Lorsque Paul leur eut imposé les mains, le Saint-Esprit vint sur eux, et ils parlaient en langues en prophétisant. » (Ac 19 : 1-7)

Les douze chrétiens que l'Apôtre Paul avait rencontrés étaient devenus des disciples de Jésus par le baptême de la repentance. Le baptême d'eau, lorsqu'il est précédé par la vraie foi en Jésus-Christ et une véritable repentance, ouvre les portes de l'Église dont Christ est la tête. Sans une véritable repentance, ton baptême n'est qu'un folklore. Malgré que les douze hommes eussent cru et servaient Jésus, ils n'avaient pas encore reçu le second baptême, celui du Saint-Esprit. Par les paroles de Paul et par son imposition des mains, ils furent remplis du Saint-Esprit. Et toi de quel baptême as-tu été baptisé(e) ? Du baptême des catholiques, des orthodoxes, des protestants, des anglicans, des pentecôtistes, des baptistes, réveillés, etc. ? Peu importe ! **As-tu reçu le Saint-Esprit quand tu avais cru ?**

Si tu n'as pas la manifestation d'un ou de plusieurs dons du Saint-Esprit (1 Co 12 : 4-12), tu dois te poser des questions sur ta repentance et sur ta foi. Sans le Saint-Esprit, ta communion avec Dieu devient tiède, amorphe, inexistante, impossible. Elle ne te conduira pas dans les victoires du chrétien. Tu ne pourras pas communier aisément avec le Dieu Saint-Esprit. Car il existe trois dieux en un Dieu : Dieu-Père, Dieu-Fils et Dieu Saint-Esprit. Et pour rencontrer ce Dieu et pénétrer son Royaume, il faut absolument devenir une nouvelle créature : c'est la double naissance. Jésus répondit à Nicodem, pharisien et grand chef des Juifs : « En vérité, en vérité, je te le dis, si un homme ne nait de nouveau, il ne peut voir le Royaume des cieux. » (Jn 3 :3). Mais que veut dire naître de nouveau ? Jésus ajoute : « si un homme ne naît d'eau et d'Esprit, il ne peut entrer dans le Royaume des cieux. » (Jn 3 : 5) Le salut se trouve donc dans la double naissance : le baptême de repentance (1), le baptême de l'esprit (2). C'est Jésus, lui-même, par le Dieu Saint-Esprit descendu à la pentecôte, qui baptise du Saint-Esprit. Sans sa rencontre, il n'y a pas de nouvelle naissance possible.

Tu peux être un chrétien protestant, catholique, anglican, orthodoxe, pentecôtiste, presbytérien, baptiste, etc. et avoir reçu le baptême de repentance (l'eau), mais sans avoir connu le Dieu Saint-Esprit. Tu pourrais ne pas avoir accès au Royaume des Cieux. Ce Royaume est gouverné par Christ. Et tous ceux qui en sont membres sont à lui. Car : « ceux qui sont à Jésus Christ ont crucifié la chair avec ses passions et ses désirs. » (Ga 5 : 24). Or, seul le Saint-Esprit est capable de faire crucifier la chair et ses désirs. Il ne s'agit pas de perfection dans la loi. Loin s'en faut ! L'appartenance au Royaume, le salut, est une élection. Elle implique une croix : la crucifixion de ta chair, du péché. C'est un alinéa non négociable. Le péché, malgré le baptême que tu as reçu, fais de toi un esclave. Or, tous les esclaves sans exception (Jn 8 : 35) seront chassés du Royaume des cieux, quoique par ce même baptême, ils aient eu la clef d'accès au Royaume des cieux.

La marque des fils du Royaume est la séparation radicale et totale du péché. Car leur chair a été crucifiée avec toutes ses passions (le monde et ses vanités) et ses désirs (tes ambitions personnelles). Seul le Saint-Esprit t'accorde la grâce d'entrer dans le plan de Dieu pour ta destinée. Ainsi, tu deviens un fils et une fille du Royaume, celui ou celle qui y demeure pour toujours et non pas un vacataire du Royaume, comme les adeptes de la religion ou de la dénomination. Tu es chrétien(ne) ? Le christianisme ne te sauvera pas. Non, non, non, ta religion ne te sauvera pas. Ton éducation religieuse ne te sauvera pas non plus. Tu es catholique, orthodoxe, protestant, anglican, pentecôtiste, presbytérien, réveillé(e), etc. Non non non ! Le catholicisme ne te sauvera pas. L'orthodoxie ne te sauvera pas. Le protestantisme ne te sauvera pas. L'anglicanisme ne te sauvera pas. Le pentecôtisme ne te sauvera pas. Le presbytérianisme ne te sauvera pas. Le réveil ne te sauvera pas… Tes prières, ta discipline, ton éducation, ta morale, ton sérieux, ton honnêteté, ta pureté, ton succès, ta réussite, ton intelligence, ta sagesse, ta richesse, tes œuvres de charité, ton engagement pour la religion ou l'église, ta bible non plus ne te sauveront point (Jn 5 : 39-34). Ta famille qui a cru, ton mari qui a cru, ton épouse qui a cru, tes parents qui ont cru, tes frères et sœurs qui ont cru, tes enfants qui ont cru… ne te sauveront point. Ton église, ton pasteur, ton prêtre, ton prophète… ne te sauveront point. <u>**Celui qui te sauve c'est Jésus-Christ, au nom du Dieu Saint-Esprit**</u>. Veux-tu rencontrer Jésus-Christ aujourd'hui ? Veux-tu naître de nouveau ? Veux-tu marcher selon l'Esprit et non la chair tous les jours de ta vie ? Veux-tu recevoir le don et les dons du Saint-Esprit ? « Et maintenant, que tardes-tu ? Lève-toi, soit baptisé, et lavé de tes péchés, en invoquant le nom du Seigneur. » (Ac 22 : 16). Attention ! Vouloir être baptisé ne te qualifie pas pour le baptême. Seuls ceux ou celles qui croient au salut par Jésus en sont qualifiés. Et tu dois croire au Seigneur non pas avec un cœur partagé, sceptique, dubitatif, intéressé, mais de tout ton cœur, de tout ton être. Veux-tu le faire aujourd'hui, maintenant ?

ES-TU PRET(E) À DEMARRER LE NOUVEAU VOYAGE ? NE NEGLIGE PAS CES INSTRUCTIONS PROPHETIQUES. SI TU LES SUIS FIDELEMENT, D'ICI QUELQUES MOIS OU QUELQUES ANNEES, LE MONDE ENTIER ENTENDRA PARLER DE L'ŒUVRE QUE LE SEIGNEUR A BATIE EN TOI.

<u>INSTRUCTIONS PROPHETIQUES</u> :

1. Si tu n'as pas de bible, achète-toi une bible physique complète dans laquelle tu marques le jour de ta repentance. Évite la bible électronique.
2. Lis ta bible chaque jour. Chaque année tu devrais avoir lu toute la bible au moins une (01) fois. Commence par le Livre de Jean. Après, finis tout le Nouveau Testament et reprends avec l'Ancien Testament.
3. Suis toutes les instructions données dans l'enseignement sur la confession des péchés et la réparation. Applique-les intégralement. Répare le tort causé !
4. Si tu ressens l'envie de plonger à nouveau dans les eaux du baptême, fais-le. Demande à être rebaptisé(e) si ton cœur le désire. Car cela te rappela ton nouvel engagement, ta nouvelle alliance avec Dieu.
5. Rencontre ton accompagnateur spirituel (pasteur, prêtre, moine, prophète, faiseur de disciple, ainé spirituel, etc.), puis soumets-toi à son autorité. Sans lui, tu risqueras de te faire briser les ailes dès tes premiers envols de nouvelle naissance.
6. Engage-toi sérieusement et définitivement auprès d'une communauté chrétienne [qui vit de la Parole et dont les membres témoignent par leur vie exemplaire de Christ] dans laquelle tu grandiras en sagesse et en esprit par l'enseignement et la prédication de la Parole. C'est probablement dans cette communauté que tu recevras les dons du Saint-Esprit.
7. Parle aux autres de ce que tu as rencontré le Nazaréen, de ce que Jésus a fait dans ta vie. De comment il t'a délivré définitivement de ta vie idolâtre et adultère. Car le péché, pour tout baptisé, est un adultère contre Jésus, notre époux.
8. Remercie Dieu pour ce qu'Il a fait dans ta vie par une action de grâce, une œuvre de charité ou une offrande particulière à une personne quelconque.

<u>NB</u> : Si tu éprouves des difficultés à cheminer main dans la main avec Christ. Par exemple, tu ne sais comment lire et méditer la bible ? Tu as des difficultés à prier chaque jour ? Tu n'as pas de communauté chrétienne ? Tu as des points d'ombre sur ce message reçu ? Contacte-nous en précisant dans l'objet l'essentiel de ta préoccupation !

Si après avoir écouté ce dernier message sur la communion avec Dieu ton cœur est indifférent et tu rechignes à prendre une action digne de la vraie repentance, sache que ce salut de Dieu pour toi sera envoyé à un païen. Car c'est avec raison que le Saint-Esprit, parlant à nos pères par le prophète Esaïe, a dit : « Va vers ce peuple, et dis : Vous entendrez de vos oreilles, et vous ne comprendrez point ; vous regarderez de vos yeux et vous ne verrez point. Car leur cœur de ce peuple est devenu insensible ; ils ont endurci leurs oreilles, et ils ont fermé leurs yeux, de peur qu'ils ne voient de leurs yeux, qu'ils n'entendent de leurs oreilles, qu'ils ne comprennent de leur cœur, qu'ils ne se convertissent et que je ne les guérisse. » (Ac 28 : 25-27).

Parce que : « Le Père aime le Fils, et il a remis toutes choses entre ses mains. Celui qui croit au Fils à la vie éternelle ; celui qui ne croit pas au Fils ne verra point la vie éternelle, mais **la colère de Dieu** demeure sur lui. » (Jn 3 : 35-36).

C'est seulement à cette condition de sanctification que tu deviendras un véritable chrétien. Car le chrétien n'est pas un simple croyant qui croit en l'existence d'un Dieu suprême. C'est quelqu'un qui marche à la suite du Christ et vit comme Lui. Dieu a établi sa demeure en Lui. Son Fils communie avec lui, et lui avec Le Fils. Dieu le Père, Dieu le Fils et Dieu le Saint-Esprit demeureront avec toi si tu fais des commandements et des instructions du Seigneur tes délices. Le non-respect des ordonnances de Dieu est l'expression d'un désamour, d'une haine à l'endroit de Dieu. Oui, désobéir à Dieu est un adultère contre Dieu.

Souviens-toi de ces dernières paroles de Jésus adressés à ses disciples avant que son heure soit venue. Ces paroles te sont encore adressées. Par cette révélation, je prie que le Seigneur Jésus te choisisse et qu'il t'ajoute à ses légions célestes. Car ce message est une bénédiction prophétique pour tous les amoureux de Dieu, ces chrétiens qui ne cherchent pas Dieu pour eux-mêmes et leur famille, mais pour les perdues, pour la famille royale.

« Celui qui a mes commandements et qui les garde, c'est celui qui m'aime ; et celui qui m'aime sera aimé de mon Père, je l'aimerai et je me ferai connaître à lui. […] Si quelqu'un m'aime, il gardera ma parole, et mon Père l'aimera, nous viendrons à lui, et nous ferons notre demeure chez lui. Celui qui ne m'aime pas, ne garde point mes paroles. » (Jn 14 : 21 ; 23-24)

Aimes-tu vraiment le Seigneur Jésus ? Alors qu'attends-tu pour changer de vie, te repentir, observer les commandements de Dieu et mettre en pratique ces ordonnances prophétiques ?

As-tu dit, du fond de ton cœur la prière de repentance avec moi ? Si oui, envoi-nous tes références afin que nous puissions prier pour toi, et si possible, échanger avec toi, et si tu le veux, te rencontrer.

CONFESSION DE CHRIST N°__

Je soussigné (nom et prénom), de sexe (masculin, féminin) _ _ _ _ _âgé de_ _ _ _ confesse Christ comme mon Seigneur et mon Sauveur personnel le (date) _ _ _ _ _ _ dans la ville (village) de_ _ _ _ _ _ _ au (nom du pays) _ _ _ _ _ _ _ . Par cet acte, je reconnais que Jésus est mort sur la croix pour moi, qu'il est ressuscité d'entre les morts le troisième jour pour me sauver de mes péchés. Seigneur, je te prie de me pardonner mes péchés, mon iniquité, mes temps d'ignorance que je confesse en ce jour. Je veux être ton enfant et je m'engage à te servir tous les jours de ma vie avec ma (future) famille sur la terre et où tu m'indiqueras. Amen !

Nom :

Prénom

Tel./WhatsApp :

E-mail :

***NB 2**: Prière de reproduire en fichier Word, ou en scanner, cette confession de Christ et nous l'envoyer par courriel à l'adresse : « jean2paul.marie@gmail.com ». Rassurez-vous de la réception votre confession en nous contactant au numéro (WhatsApp) : +237 690 25 05 52*

CONCLUSION

En commençant ce projet d'évangélisation en ligne, j'avais simplement obéi à l'instruction du Seigneur en 2017 de partager des billets d'évangile pendant 1.000 jours pour le salut des âmes. Ces billets d'Evangile sont devenus un guide pratique pour le salut des jeunes et des religieux. J'ai été particulièrement béni en me mettant à l'œuvre de la reconstitution de ces écrits autrefois éparpillés. C'est l'avantage de la reconstitution. Mais cette besogne n'a été possible que par la grâce du Saint-Esprit qui a usé de violence physique et spirituelle pour me pousser à la re-écriture de ce livre-guide. Nous prions pour toute personne, qui aura achevé totalement la lecture et la pratique ce livre, afin qu'elle devienne une lumière perchée dans les nuées de sa génération. Désormais, mets-ta foi en Jésus. Tu verras qu'il agira. Seulement, dis-lui qu'il n'y a personne devant toi, qu'il n'y a personne derrière-toi, que Jésus est tout pour toi. Je peux également te rassurer : la marche avec Christ n'est pas une balade nuptiale. Le chemin vers Jésus est rempli d'embuches et de persécutions. Quand tu auras accepté Christ comme ton Seigneur et Sauveur, quand tu auras témoigné de sa bonté à ton égard, il y a une rencontre personnelle avec Jésus qui t'attend. Peut-être cela s'est même déjà opérée pendant la lecture ? Pour ceux qui n'ont pas encore rencontré Jésus, nous rédigerons le tome 2 de *Comment communier avec Dieu* qui traitera essentiellement de la préparation à la rencontre, de la rencontre et de l'après-rencontre. Car Christ n'est pas mort. Il est vivant après être ressuscité. Il est parmi nous. Ce Christ nous a fait une promesse. Et je déclare, par la foi, que cette promesse est ton partage si tu y crois dès aujourd'hui : « Si quelqu'un quitte, à cause de moi et de l'Evangile, ses frères, ses sœurs, sa mère, son père, ses enfants ou ses terres, **il recevra cent fois plus dès à présent,** des maisons, des frères, des sœurs, des mères, des enfants, des terres, **avec des persécutions ; et dans le monde à venir, la vie éternelle.** » (Mc 10 : 29).

As-tu confessé Christ ? Alors puis-je dès à présent t'appeler mon frère ou ma sœur ? Compte-moi parmi tes amis dans la foi. Puis-je devenir ton frère ? Veux-tu que nous progressions ensemble pour ta croissance en Christ et pour le salut d'autres âmes perdues dans le péché et dans le monde ? Si oui, je suis prêt à travailler avec toi. N'hésite pas à nous contacter. Une personne de mon équipe prendra attache avec toi afin que nous puissions nous rencontrer si je suis encore de ce monde.

À LIRE ABSOLUMENT

(Du même auteur)

1. *Comment savoir qui marier ? ,* Belle-Porte, 2023
2. *Horloge d'orient,* Belle-Porte, 2023
3. *Oraisons de l'esclave,* Belle-Porte, 2023
4. *Oraisons du disciple,* Belle-Porte, 2023
5. *Oraison du compagnon,* Belle-Porte, 2023
6. *L'Envers & L'endroit,* Belle-Porte, 2023
7. *L'Exode ou la vocation,* Croix du Salut, mars 2022
8. *Lettres paysannes,* Croix du Salut, juillet 2019
9. *L'Ecriture de l'exil,* PUE, Septembre 2018
10. *Errances juvéniles,* Edilivre, février 2015

Si vous souhaitez, personnellement contacter l'auteur pour des questions, un suivi ou un mentorat :

BP : 139. Dschang, Cameroun.

Page Facebook : Pastor Samuel Binyou (https://web.facebook.com/binyou.gospel)

WhatsApp : +237 690 25 05 52

E-mail : jean2paul.marie@gmail.com

Web : www.samuelbinyou.com

Printed by Books on Demand GmbH, Norderstedt / Germany